JN097927

CBT模試で本格的な対策ができる！

秀和システム

Contents

4日目【一般知識】 理論

5日目【マナー・接遇①】 実技

6日目【マナー・接遇②】 実技

7日目【技 能①】 実技

8日目【技 能②】 実技

9日目【技 能③】 実技

10日目【模擬試験】

Preface

はじめに

『CBT模試で本格的な対策ができる！　10日間で合格！　秘書検定3級パーフェクトレッスン』を手に取っていただきありがとうございます。

さて、秘書検定には、さまざまな魅力があります。まずは、ビジネスマナーの基本から応用まで、社会人にとって必要なビジネススキルが学べること。また、就職・転職などでは、秘書検定の資格は安心感を与え、さらに実践することで、オフィスで輝く存在になるでしょう。

それ以上に、私が思う秘書検定の一番の魅力は、「補佐をする」ということを通して、社会人に必要な視点や考え方、行動の仕方や知識を、あらゆる角度から教授してくれるところ。社会人としてのスキルとマインドの両方を学べる優れたバイブルだと実感しています。

私たちは仕事でも社会でも、そして家庭でも、常に誰かの補佐をし、時に補佐されながら、それぞれの役割を担い、互いに助け合いながら人生を豊かに生きています。

秘書検定では、5分野の視点から、皆様が実際の社会で、職場で、補佐をするための源泉、利他の心「ホスピタリティスピリット」を学ぶことができます。さらに、面接を伴う準1級や1級は「知識レベル」から「実践レベル」に自らの接遇力をアップデートし、自分を磨き高める素晴らしい学びにあふれています。

気づかれないほどさりげない。繊細な気配りの積み重ねが、上司や関わる全ての人を心地よく幸せにしてくれる、品格あふれる美しい接遇力を、プライスレスな魅力にする秘書検定パーフェクトレッスン。

忙しい中でもきちんと学べるプログラムに設計し、10日間集中して取り組んでいただける内容、そして美しいデザインにこだわり完成しました。また、CBT対応の書籍として、問題をスマートフォンやタブレットでも取り組める画期的なテキストとして、出版社の方々やデザイナーの方々のご協力のもと、この本が完成しました。

これから社会人として働く人も、すでに社会で活躍しているビジネスパーソンの方にも、この『秘書検定パーフェクトレッスン』で、秘書検定3級の合格に向けて取り組んでいただけたら幸せです。皆様の合格を心から願っています。

株式会社CAREER LABO 代表取締役
京都光華女子大学 客員教授
小松 仁美

秘書検定ガイド

秘書検定は、社会に出て働く人なら誰でも備えておかなければならない基本的な常識を、秘書技能という名称に集約して検定として出題しています。感じがよいと言ってもらえる表し方はどのようにすることが必要か、人柄がよいとはどういうことかなど。「秘書検定は人柄育成を目指しています」とあるように、高く誠実な接遇力から、さらに人間力を高める検定です。

◆3級

基本的な職場常識を問われる級。イメージは新入社員の秘書。

受験者層：主に高校生

◆2級

優先順位や効率を考えた仕事の仕方や、秘書としてふさわしい品格や人柄を兼ね備えたイメージは入社２年目～の秘書。

受験者層：就活を控えた大学生、社会人など

◆準1級

判断力や対応力が磨かれ、後輩指導も任される中堅秘書のイメージ。筆記試験合格後、二次試験として面接試験が行われます。知識レベルから実践レベルへと知識が身についているかが試されます。

受験者層：就活を控えた大学生、転職や再就職を目指す社会人、社会人全般

◆1級

入社５年目以上の上級秘書のイメージ。上司が携わる仕事を理解し、先を読んだ判断力や洞察力が求められます。

受験者層：現役秘書、部下を持つ社会人、キャリアアップを目指す社会人、高い接遇力が求められる専門職の方など

3級の試験概要

試験日時	原則として、毎年2月、6月、11月。また、CBT試験（コンピューターを使用した受験システムで、年3回の試験日に限らず、都合のよい日時を選べる）もある。
受験地	全国の主要都市
受験料	3,800円
受験資格	特になし

3級の合格基準

・試験時間：110分
・合格基準：「理論編」正答率60%、「実技編」正答率60%
・記述問題の採点基準・配点は非公開

	分野・科目	出題方式	出題数	学習傾向	合格基準
理論	必要とされる資質	選択問題 ※マークシート	5問	考え方やあり方が問われる	60%以上 正解で合格 （8問正解が合格の目安）
	職務知識	選択問題 ※マークシート	5問	考え方やあり方が問われる	
	一般知識	選択問題 ※マークシート	3問	暗記中心	
実技	マナー・接遇	選択問題 ※マークシート	10問	暗記中心	60%以上 正解で合格 （14問正解が合格の目安）
		記述問題	2問		
	技能	選択問題 ※マークシート	8問	暗記中心	
		記述問題	2問		

申し込み方法

◆団　体

専門学校や大学が一括して、申し込みを受け付けている場合があります。その場合は所定の用紙に記入し、各学校の担当部署で申し込みを行います。

◆個　人

インターネット受付（クレジットカードまたはコンビニエンスストアでの支払い）と郵送受付（実務技能検定協会への願書と受験料を現金書留で郵送）があります。

詳細は、公益財団法人　実務技能検定協会のウェブサイトをご確認ください。
［HP］https://jitsumu-kentei.jp/HS/index

合格するための学習法

10日間は秘書検定の勉強のために時間を割くことが、合格の近道です。この10日間は「時間を確保して勉強する」にシフトして、スケジュールを設定しましょう。

ポイント

◆合格への勉強法「消去法で問題を解かないこと！」

消去法ではなく「なぜそれが適当（不適当）なのかが解説できる」ところまで理解し、覚えることが合格への鍵です。テキスト本文を熟読し丁寧に取り組みましょう。

◆合格への鍵は「たくさんの問題を何度も解くこと！」

この本は丁寧な解説とともに問題数が豊富なことが特徴です。テキスト内の問題だけでなく、CBT模擬試験を大いに活用しましょう。

◆確実に合格するための1日目の「用語レッスン」！

秘書検定は多くの用語が出題されるため、この本は初日から5分野の用語を暗記できるよう構成されています。毎日ウォーミングアップに用語レッスンからスタートしましょう。声に出すとさらに暗記力がアップします！

◆ 単純ミスで合格を逃さないために「適当」と「不適当」のミスに注意！

単純ミスですがよく起こりがちなミスでもあります。また前半は適当、後半は不適当という選択肢もあります。問題文や選択肢を熟読しましょう。

◆ 必ず潜む「キーワード」を見つけよう！

「急な用件で」「明らかなミス」「上司と直接話したい」「至急」「不意の来客が」など、キーワードを見逃さないようにしましょう。

◆ 選択肢が二つあった場合は、より不適当（または適当）を選ぶこと

選択肢（五択）の中でよくあるグレイゾーンの選択肢。迷った場合は「明らかに正しいと思う問題にこだわる」ことが重要です。

試験についての注意事項

- ■ グラフ作成では「定規は使わなくてよい」とありますが、定規を使用した方が美しく正確に描けるので使っても問題ありません。
- ■「HBの黒鉛筆」を準備。マークシートを正確に塗りつぶします。はみ出さないよう注意します。
- ■ 記述式は文字を丁寧に書きましょう。漢字ミスにも注意してください。

10日間で合格を目指す学習スケジュール

	効果的な勉強法
1日目	① 1日目「用語レッスン」の暗記 ② CBT模擬試験にチャレンジ
2日目	① 1日目「用語レッスン」（毎回ココからスタート！） ② 2日目「必要とされる資質」テキスト解説の暗記 ③ CBT模擬試験にチャレンジ
3日目	① 1日目「用語レッスン」 ② 3日目「職務知識」テキスト解説の暗記 ③ CBT模擬試験にチャレンジ
4日目	① 1日目「用語レッスン」 ② 4日目「一般知識」テキスト解説の暗記 ③ CBT模擬試験にチャレンジ

5日目	① 1日目「用語レッスン」 ② 5日目「マナー・接遇①」テキスト解説の暗記 ③ CBT 模擬試験にチャレンジ
6日目	① 1日目「用語レッスン」 ② 6日目「マナー・接遇②」テキスト解説の暗記 ③ CBT 模擬試験にチャレンジ
7日目	① 1日目「用語レッスン」 ② 7日目「技 能①」テキスト解説の暗記 ③ CBT 模擬試験にチャレンジ
8日目	① 1日目「用語レッスン」 ② 8日目「技 能②」テキスト解説の暗記 ③ CBT 模擬試験にチャレンジ
9日目	① 1日目「用語レッスン」 ② 9日目「技 能③」テキスト解説の暗記 ③ CBT 模擬試験にチャレンジ
10日目	① 1日目「用語レッスン」 ② 10日目「模擬試験」 ③ 9日目までにミスした問題を再チェック

■ テキストの解説と問題は毎日3回以上繰り返すと効果的です。

CBT模擬試験のウェブサイトはこちら

こちらのページを開くと、すぐに試験問題が開始されます。最後まで解くと何問正解したかが分かります。

［HP］ https://hisho3.trycbt.com/cbt/

書籍の訂正と追加情報

本書の内容に訂正や追加情報がある場合は、こちらのウェブサイトにて掲載いたします。

［HP］ https://www.shuwasystem.co.jp/book/9784798070964.html

1日目

用語レッスン

10日間で合格する鍵は「用語」を確実に覚えること。必ず、毎日1回、繰り返し用語の暗記に取り組みましょう。10日後には驚くほどスピードアップしているはず！一日2回取り組むと、さらに効果的です。さあ、今日から確実な合格を目指して頑張りましょう！

10日間、毎日「用語レッスン」からスタートしましょう。

用語

用語レッスン

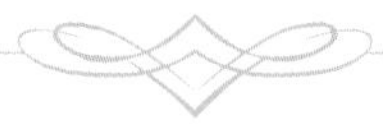

勉強のスタートはまず用語の暗記から。ウォーミングアップを始めましょう!

オフィス用品・ファイリング用品

個別フォルダー	文書をまとめて保管する書類挟み
雑フォルダー	文書数が少なく個別フォルダーを作成していない書類の一時保管フォルダー
持ち出しフォルダー	文書を貸し出す際のマチのあるフォルダー
タブ	フォルダーにラベルを貼る山型の部分
ラベル	フォルダーのタブに貼る見出しの紙やシール
ガイド	フォルダーの見出し「あ」「い」「う」を記載した厚紙
キャビネット	フォルダーを収納する引き出し式の文書整理棚
ハンギングフォルダー	リーフレットなど薄い書類を吊るして収納するフォルダー
ハンギングフレーム	フォルダーやガイドをぶら下げるための枠
ステープラー	ホチキス。針金で書類を綴じる
パンチ	書類に穴を開ける
クリップ	一時的に書類を留めるための金具
チェックライター	手形、小切手、領収書などに刻み込んで印字する機器
レターケース	書類を整理、分類するためのケース
ナンバリング	書類に通し番号をつける
デスクトレー	書類を保管するトレー

社内文書

稟議書	決裁や承認を仰ぐための文書
進退伺	自分や部下に重大な過失があった時辞職すべきかどうか伺う文書
始末書	自分や部下が犯した過失などに対して謝罪する文書
上申書	上司に事実や意見を申し述べる文書
報告書	業務や出張、調査などの事実や経過を報告する文書
通知書	会議などの実施や開催を知らせる文書
回覧文書	社員内で順番に回して通知する文書

社外文書

照会状	不明点や疑問点を問い合わせるための文書
紹介状	知人などを自分がよく知っている人に紹介する時に記す文書
督促状	入金や納品などを催促する文書
趣意書	ある物事を始める時の目的や考え方を記した文書
委任状	その人に任せたことを証明する文書

会議の種類

株主総会	株主による株式会社の意思決定をする最高機関（法定会議）
取締役会	株主総会で選出の取締役・監査役により構成（法定会議）
常務会	社長・副社長・専務取締役・常務取締役などで構成（非法定会議）

会議の形式

円卓会議	テーブルを丸く囲んで自由に話し合うもの。 自由討議（フリートーキング）

シンポジウム	専門家が意見を述べ、聴衆から質疑を受ける形で討論する
バズ・セッション	少人数のグループに分かれて話し合い、代表者が発表し合う
フォーラム	公開討論会。参加者は質疑応答や意見交換をする
ブレーン・ストーミング	自由に意見を出し合うが、人の意見を批判しない
パネル・ディスカッション	意見が異なるパネリストが聴衆の前で討論すること。その後聴衆から質問や意見を受ける

会議の用語

招集・召集	会議出席者を集めること。国会は召集
議 案	会議で討論、議決するための議題
定足数	会議が成立するために必要な最小限のメンバーの数
採 決	会議で討論した後、賛成か反対かの決を採ること
動 議	会議開催中に予定された議案以外の議題を提案すること
諮 問	上位者が下位者に専門的な意見を求めること
答 申	諮問に対して答えること
分科会	全体会議の下に設置された分野ごとの会議
キャスティングボート	採決で賛否同数の場合に議長が持つ決定権
オブザーバー	会議には出席するが、採決には加わらない人のこと
一事不再議の原則	一度議決されたら、その会期中には再び審議することはできないこと

特殊取扱郵便

速 達	通常郵便物より早く届く。ポスト投函できる
一般書留	現金以外。商品券、小切手、手形などの有価証券を送る
簡易書留	「秘」文書や重要な書類、原稿などを確実に送る

現金書留	現金を送る。手紙や祝儀袋、不祝儀袋も同封できる
内容証明	書類の内容を証明できる。法的文書を出す時に用いられる。書留扱い
配達証明	配達した事実を証明する。書留扱い
配達日指定	配達日を指定できる。年賀状、クリスマスカードなど

小包郵便物

ゆうパック（一般小包）	サイズ・大きさ・距離により料金が異なる
ゆうメール	1キロまでの冊子とした印刷物、CDやDVDを安価に送れる。ポストに投函でき、全国一律料金
レターパック（定型小包）	専用封筒に入れて送る。A4サイズ、4キロまで。ポストに投函できる

大量郵便物

料金別納郵便	郵便料金が同じ郵便物を同時に10通以上出す時に利用
料金後納郵便	月に50通以上の郵便物を出す時に利用。差出局の郵便局長の承認が必要。料金は翌月に支払う
料金受取人払	アンケートなど受取人は返信された分だけ料金を支払う
郵便区内特別郵便物	同一郵便区内に同じ差出人が同じ郵便物を同時に100通以上出す場合に利用できて料金が割安になる

雑誌・カタログ用語

機関誌	特定の団体などが会員との情報交換や広報のために発行する雑誌
官 報	政府が法令など一般に知らせる事項を掲載し毎日発行する文書
白 書	政府が発行する各界の実情と展望を述べた報告書
業界紙	その業界に関する情報を伝える新聞
紀 要	大学や学会、研究所などの研究論文集

日刊	毎日発行
週刊	毎週発行
旬刊	10日に1回発行
月刊	毎月発行
隔月刊	2か月に1回発行
季刊	年に4回発行
増刊	定期刊行物が臨時に発行されること
創刊	刊行物が新しく発行されること
絶版	もう発行されない刊行物
再版	すでに発行されている本を同じ形で重ねて発行すること
改訂版	内容を部分的に変えて再度出版された書籍
復刻版	復刻本。原本に近い形で再度出版したもの
奥付	著者名、発行日、発行所名が印字されている部分
タブロイド判	一般的な新聞の半ページの大きさ
カタログ	商品案内などの冊子
リーフレット	1枚でできた宣伝用の印刷物
パンフレット	ページ数の少ない簡単な冊子
バックナンバー	雑誌などの定期刊行物の過去に発行された号

パーティーの種類

ディナー・パーティー	格式の高い集まりの晩餐会。食事はフルコース。服装や席次の指定がある
ランチョン・パーティー	正午から午後2時頃までの昼食会。着席スタイル

カクテル・パーティー	午後５時以降1～2時間ほどのアルコールメインの立食スタイル。出入り自由
ビュッフェ・パーティー	簡単な飲み物とオードブル程度の気楽な立食スタイル

食事の種類

会席料理	宴会で出る上等な料理
懐石料理	一品ずつ出す高級な料理（茶事の時など）
精進料理	肉や魚を使わない料理
普茶料理	中国風の精進料理
本膳料理	三の膳までそろえた正式な日本料理
皿鉢料理（さわちりょうり）	大皿に盛り付けた高知県の郷土料理
卓袱料理（しっぽくりょうり）	長崎の名物で日本化した中国料理
小料理	一品料理

賀寿

還暦（かんれき）	60歳	60年で、再び生まれた年の干支に還ること
古希（こき）	70歳	「古稀」とも書く。70歳まで生きるのは「古来稀なり」の句に由来
喜寿（きじゅ）	77歳	「喜」の草書体「七が三つ」が「七十七」に見える
傘寿（さんじゅ）	80歳	「傘」の略字「仐」は「八十」に見える
米寿（べいじゅ）	88歳	「米」という文字は「八十八」に見える
卒寿（そつじゅ）	90歳	「卒」の略字「卆」は「九十」に見える
白寿（はくじゅ）	99歳	「百」という字から「一」を取って「白」に見える

弔事

会葬	葬儀に参列すること
喪主	葬儀を行う際の主催者
喪中	亡くなった人の身内が死を悼み喪に服す期間
葬儀委員長	社葬など規模の大きな葬儀で、喪主とは別に葬儀を取り仕切る人
密葬	身内だけで行う葬儀
国葬	国に功労があった人の国家儀式として行われる葬儀
社葬	会社の役職者や功績のあった人の葬儀を会社負担で行うこと
逝去	人が亡くなること
弔事	葬式などのお悔やみ事
弔辞	葬儀で故人を惜しんで述べる慰めの言葉
弔問	遺族にお悔やみを述べるために訪問し、死者の霊に挨拶すること
喪章	死を悼む気持ちを表す黒いリボンや布
弔電	お悔やみの電報
香典返し	受け取った香典に対する返礼
初七日	死後7日目。その時に行う法要
四十九日	命日から数えて49日目。仏教では「忌明(きあ)け」と呼ぶ
法要	故人の冥福を祈る行事
一周忌	亡くなって満1年。その時行う法要
三回忌	亡くなって満2年。その時行う法要
七回忌	亡くなって満6年。その時行う法要
十三回忌	亡くなって満12年。その時行う法要

忌明け	喪に服す期間(四十九日)が終わること
お布施	葬儀や法要で僧侶に渡すお礼
通夜振る舞い	通夜の弔問客への食事のもてなし
精進落とし	遺族が葬儀の後に会葬者や僧侶を労うための食事のもてなし

贈答

寿、御祝、祝御結婚	結婚祝いの表書き
祝御出産、御出産御祝	出産祝いの表書き
祝御入学、祝御就職	入学・就職祝いの表書き
祝○寿、寿、○寿御祝	賀寿(「還暦」「古希」を除く)の表書き
上棟祝	家の棟上げを祝う表書き
御落成祝、新築御祝	家の新築を祝う表書き
御祝	一般の慶事の表書き
陣中御見舞	選挙事務所、野球部合宿先などへの見舞い品の表書き
御酒肴料(ごしゅこうりょう)	得意先の社員旅行の際などの表書き
御祝儀	祝い事での心づけの表書き
寸志	目下の人への謝礼、心づけの表書き(祝儀、不祝儀両方)
謝礼、薄謝	一般のお礼の表書き(「御礼」とも書く)
粗品	手土産、景品などの表書き
御車料、御車代	交通費、交通費程度の額の表書き
御餞別、記念品	転勤、栄転、送別の表書き(別れ、退職のみ結び切り)
御奉納	地域の祭礼への寄付、心づけの表書き

季節の贈答

中元	7/1〜7/15に送る贈答
暑中御見舞	7/16〜8/8(立秋)に送る贈答
残暑御見舞	8/9〜8月末(または9月初め)に送る贈答
歳暮	12/1〜12/20に送る贈答
年賀	1/1〜1/7(松の内)に送る贈答
寒中御見舞	1/16〜2/4(立春)に送る贈答

六曜

先勝	午前中が吉、午後が凶。急用や訴訟するのによいとされる日
友引	朝夕は吉、正午は凶。「友を引く」ということから葬儀は行わない
先負	午前が凶、午後が吉。何をするにも控えめがよいとされる日
仏滅	何事にも凶
大安	万事に吉。結婚式の日取りに選ばれる日
赤口	正午が吉、朝夕は凶

文書の頭語と結語

拝啓／敬具	一般的な文書
拝復／敬具	返信の文書
謹啓／敬白	格式の高い文書
前略／草々	前文を省略した文書
冠省／不一	前文を省略した文書
急啓／草々	急用の文書

慣用表現

ご来臨**賜りますよう**	出席してください
ご引見**賜りますよう**	面会してください
ご査収**のほどお願い申し上げます**	書類などを調べて受け取ってください
粗品**ではございますが**ご笑納**ください**	つまらない物ですが受け取ってください
結構なお品**を**ご恵贈**賜りありがとうございます**	贈り物を郵送で受け取ったお礼
ご恵与**賜りありがとうございます**	贈り物を直接いただいた際のお礼
ご放念**ください**	どうか気にしないでください
鋭意努力**する**所存で**ございます**	一生懸命努力するつもりです
精励努力**いたします**	努め励みます
旧に倍する(倍旧の)	今まで以上に
幸甚**に存じます**	非常に幸せに思います
ご自愛**のほどお祈りいたします**	自分自身を大切にしてください
ご自愛専一**にお過ごしください**	ご自分の体を最優先に大切にしてください
他事ながらご休心**ください**	元気にしておりますので安心してください
ご丁重**な**	丁寧な
末筆ながら	最後になりますが
時節柄	時期が時期だから
取り急ぎ、とりあえず	急いで、何をおいても先に
略儀ながら	簡略ですが(略式ですが)
書中をもって	書面にて
平素はご愛顧賜り	いつもひいきにしていただいて
万障お繰り合わせの上ご来臨賜りますようお願い申し上げます	ご予定を調整してお越しいただきたい
ご尊父様のご逝去を悼み謹んでお悔やみ申し上げます	お父様の死を悼みお悔やみします

時候の挨拶

新春の候 ／ 厳寒の候	1月の時候の挨拶
余寒の候 ／ 向春の候	2月の時候の挨拶
早春の候 ／ 春風の候	3月の時候の挨拶
春暖の候 ／ 陽春の候	4月の時候の挨拶
新緑の候 ／ 薫風（くんぷう）の候	5月の時候の挨拶
初夏の候 ／ 梅雨の候	6月の時候の挨拶
盛夏の候 ／ 猛暑の候	7月の時候の挨拶
残暑の候 ／ 晩夏の候	8月の時候の挨拶
初秋の候 ／ 新秋の候	9月の時候の挨拶
仲秋の候 ／ 秋冷の候	10月の時候の挨拶
晩秋の候 ／ 霜降の候	11月の時候の挨拶
師走の候 ／ 初冬の候	12月の時候の挨拶

コンピューター用語

OS	コンピューターを動かす基本のソフトウェア
BCC	ブラインドカーボンコピーの略。受信者は自分以外にメールを送られた人が誰かどうかは分からない
CC	カーボンコピーの略。メインではやり取りしないが情報共有などのために送られるメールの宛先
LAN	ローカルエリアネットワークの略。 区域内のコンピューター通信網
圧 縮	特定の処理をしてファイル内のデータの容量を小さくすること
アップグレード	既存のソフトウェアが改良され機能を向上させること
アップデート	ソフトウェアの内容を新しいものに更新すること
アップロード	自分のデータをネットワーク上に転送すること

ウイルス	コンピューターに侵入し、フリーズなどの障害を引き起こすプログラム
上書き保存	ファイルの名前は変えず、内容を変更して元の文書に保存すること
検索エンジン	情報を検索する機能
コピー&ペースト	文字などをコピーして別の場所に貼り付けること
ダウンロード	ネットワーク上の情報を自分のコンピューターに取り込むこと
添付ファイル	メールの本文に貼り付けて送るファイルのこと
バグ	コンピューターのプログラム上の欠陥のこと
バックアップ	コンピューターのデータの破損、紛失などの予期せぬ事態に備えて複製して他の場所に保存すること
ファイル	コンピューターの中にある、文書、画像、映像などを記録したもの
フォント	コンピューターで使われる書体データのこと
フリーズ	コンピューターが動作しなくなり、操作不能になってしまうこと
プロバイダー	インターネット接続サービス会社
迷惑メール	知らない相手によって見知らぬ広告サイトなどが送り付けられること
メールマガジン	定期的に情報を流すメール配信のこと
メモリー	データを記憶する装置のこと
文字化け	コンピューターで文字が正しく表示されないこと

カタカナ用語

アイデンティティー	独自性
アウトサイダー	部外者
アウトソーシング	外部委託、外部調達
アウトプット	出力、成果

アウトライン	輪郭、概要
アカウント	勘定
アセスメント	評価すること
アビリティー	能力、技量、手腕
アメニティー	環境の快適性
アンテナショップ	自社製品のPRや消費者動向を探るためのメーカー設置の店舗
アントレプレナー	起業家
イニシアチブ	主導権、率先する
イノベーション	技術革新、経営革新
イレギュラー	不規則
インサイダー	内部関係者
インセンティブ	刺激、報酬
インプット	入力
インフォームド・コンセント	十分な説明による理解と同意
エージェント	代理人、代理業者
エキスパート	専門家・発達した人
エコノミスト	経済専門家
エグゼクティブ	企業や団体の重役、経営幹部
エビデンス	根拠、証拠
オーソリティー	権威、権威者
オファー	申し出、提案
オフィシャル	公式の、職務上の

オブザーバー	傍聴者
オプション	選択権、自由選択
オペレーション	操作、運転
オンブズマン	行政監視専門員
ガイドライン	基本方針、指針
キーパーソン(キーマン)	中心人物、重要人物
キャパシティー	収容力、容量
キャピタルゲイン	資本利得
ギャランティー	出演料、保証料
クライアント	依頼人
クレジット	信用、信頼
コストパフォーマンス	費用対効果
コネクション	縁故、連絡
コピーライト	著作権
コミッション	委託手数料
コンサルタント	専門的な指導を与える相談役、顧問
コンシューマー	消費者
コンスタント	一定
コンセプト	概念、考え方
コンセンサス	合意
コンタクト	接触、連絡
コンテンツ	目次、情報の内容

コンビネーション	組み合わせ
コンフィデンシャル	機密の、極秘の
コンプレイン	不平、不満
コンペティション	競争、競技
サジェスチョン	示唆、提案
サステナブル	持続可能な
サテライトオフィス	郊外の事務所
サンプリング	標本抽出
ジョブローテーション	配置転換
シルバービジネス	高齢者を対象にした事業
シンクタンク	頭脳集団
スキーム	公的な計画・構想
スケールメリット	規模が大きくなることによって得られる利点
ステークホルダー	利害関係者
ステータス	社会的地位
スポークスマン	情報機関に発表する担当者
スポンサー	広告主
セールスプロモーション	販売促進
セーフティネット	安全網
セクション	部門
ゼネラリスト	専門以外の分野についても高い見識、能力のある人
ソリューション	問題解決

タイアップ	提携、協力
ダイバーシティ	多様性
ダンピング	採算を度外視して安い価格で販売すること
ツール	道具
ディーラー	販売業者
ディスクロージャー	企業が経営、財務内容を公開すること
ディスカウント	割引
ディティール	詳細、細部
デッドライン	限界線
デフレーション(デフレ)	物価が持続的に下落していく経済現象
デベロッパー (ディベロッパー)	開発業者
デモンストレーション	商品などの宣伝活動
テリトリー	行動範囲
トップダウン	上位の者の意思決定に部下が従うこと ⇔ボトムアップ
トライアル	試み、試行
トレードマーク	商標登録
ニューノーマル	新常態
ネゴシエーション	交渉、折衝
ノウハウ	物事のやり方やコツ
ノベルティー	宣伝のために配布する広告品
ノンバンク	銀行以外の金融業者の略称
パーソナリティー	個性、人格、人柄、性格

バイオテクノロジー	生命科学
パテント	特許、特許権
パブリシティ	企業や団体が製品・サービスに関する情報をマスコミに取り上げてもらう広報活動
バリアフリー	高齢者や障害者など誰もが生活していく上での障害物を除去すること
バリュー	値打ち、価値
ビジョン	展望、将来の見通し
ファクター	要素、要因
プライオリティー（プライオリティ）	優先順位、重要度
プライムレート	最優遇金利
ブラッシュアップ	さらに磨きをかけてよくする
フランク	ざっくばらん
フレキシブル（フレキシビリティ）	柔軟なこと、融通が利く
プレゼンテーション	提案、提示
プレミアム	景品、割増金、手数料
プロセス	過程
プロダクト	生産、製品
プロバイダー	インターネットの接続業者
プロモーター	主催者
ベースアップ（ベア）	賃上げ
ヘッドハンティング	有能な人材を他社から引き抜くこと
ヘッドライン	新聞などの見出し
ペナルティー	罰則

ベンチャービジネス	新規事業
ペンディング	保留
ボーダレス	境界線がないこと
ボトムアップ	下位者が発議しそれを検討して上位者が決める意思決定方式
ホスピタリティー	親切なおもてなし、深い思いやり
ポテンシャル（ポテンシャリティー）	潜在能力
ポリシー	方針、方策
マーケティング	製品が消費者の手に渡るまでの一切の企業活動
マーケティングリサーチ	市場調査
マーケットシェア	市場占有率
マテリアル	材料、原料
マルチメディア	単一のメディアに限定せず、テキスト、音、映像などを組み合わせて扱うこと
メインバンク	主要な取引銀行
メソッド	方法、手法
メディア	媒体・広告媒体
モチベーション	動機付け
モラール	従業員の労働意欲
ユーザー	製品の使用者
ライフサイクル	商品の寿命
ラジカル	急進的
リース	長期の貸付
リコール	生産者が欠陥製品を公表し、回収して無料で修理すること

リサーチ	調査、研究
リザーブ	予約
リスクマネジメント	危機管理
リスクヘッジ	危機への回避策
リストラクチャリング	事業の再構築
リニューアル	改装、新しくすること
ルーティンワーク (ルーチンワーク)	日常的な仕事
レクチャー(レクチュア)	講演、講義
レクリエーション	休養のためにするスポーツや遊び
レイオフ	不況時などの一時解雇
ロイヤリティー	特許使用料
ローテーション	輪番
ワークシェアリング	仕事を分かち合うことで新規雇用の拡大を図ること
ワークショップ	職業研究集会

〈理論〉
2日目

必要とされる資質

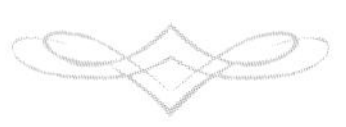

必要とされる資質は、上司を補佐する秘書としての基本的な心構えが問われる分野です。上司を補佐する上で必要な資質、秘書としての身だしなみや、機転をきかせた応対力など、問題とともに理解しましょう。合格の鍵は多くの問題点へチャレンジすることです。

CBT模擬試験も活用し、何度も繰り返しましょう。

必要とされる資質
Lesson 1

秘書の資質

上司を補佐するために必要な心構えや自己管理、人柄について基本的な姿勢や態度を確認しておくことが、秘書としての第一歩です。

秘書に求められる人柄

・細やかな心配りができるホスピタリティー力がある
・誰に対しても礼儀正しく、公平に対応することができる
・イレギュラー時にも落ち着いて、客観的に臨機応変に対応することができる
・機密を遵守し、口が堅く信頼感がある
・笑顔で周囲の雰囲気を明るくできる、あたたかい人柄である
・根拠のないうわさや、批判的な意見などをさりげなくかわす配慮ができる
・派手過ぎず地味でない好印象な身だしなみである
・常に知性や教養を高める努力を惜しまず、自己研鑽に努めている

「美的センスに優れている」「何事にもひたむきで納得するまで取り組む」とは、一般的にはよい資質ですが、秘書としては必ずしも望まれる資質とは言えません。

秘書の心構え

1 自己管理・自己啓発を心がける
　・自己管理　常にベストな状態で仕事をこなすための3つの管理
　・健康管理・時間管理・金銭管理
2 自己啓発
　・自分の仕事の能力を向上させる努力をする

自己管理をする

時間管理

・仕事の期限を意識し効率よく仕事に取り組む
・スケジュール管理を徹底して行う
・常に時間厳守で行動し余裕を持って仕事に取り組む

健康管理

・よいコンディションを保つため規則正しい生活をする
・十分な睡眠や適度な運動を心がける
・ストレスを溜めないよう毎日を過ごす

金銭管理

・コスト意識を持つ
・会社の備品などは無駄なく使い大切に扱う
・時間もコストである意識を持つ

感情管理

・ストレスコントロール力を養う
・自分の好みや感覚でなく上司の個性や仕事の仕方を優先する
・お礼やお詫びなどが素直に言えるマインドを持つ

新人秘書Aは先輩に、「秘書としてどのような人が向いているか」と尋ねた。次はこの時先輩から教わったことである。中から不適当と思われるものを一つ選びなさい。

1）親しみやすく誰とでも話せるが、口は堅いこと。
2）身だしなみが整っていて、言葉遣いが正しいこと。
3）行動力があり、勉強熱心であること。
4）仕事に対して真面目で積極的だが、出しゃばらないこと。
5）何事にもひたむきに納得するまで取り組むこと。

解答・解説 正解：5

何事にもひたむきに納得するまで取り組むことは、一般的にはよい資質だが、秘書として必ずしも望まれる資質とは言えない。

必要とされる資質 Lesson 2

機密を守る

秘書は会社の重要な機密事項を取り扱うことが多いため、機密保持の意識を徹底することが重要です。情報や文書の取り扱いについてしっかりと配慮できるようポイントをおさえておきましょう。

機密情報の取り扱い

- 上司の個人情報(自宅住所や連絡先など)や仕事の内容、人事に関する情報など関係者以外に口外しない
- 「上司の親族」からの問い合わせについては、奥様に伺う(保証人の押印など)
- 「上司の友人」という人にも、自己判断で教えない
- 機密書類の取り扱いは、保管から破棄まで厳重注意
- 機密を守るあまり、社内の交友関係を狭めない
- 「内密に」と上司に言われたことを「口外しないよう言われている」と言わない
- 社内の人に対しても「内密にするように」と言われていることは、口外しない
- 出張先や外出先を言わない。「私用で外出している」などとは言わない
- マスコミ、業界紙からの質問に対しては、「知る立場にない」ことを示す
- 上司の自宅住所、出張先、連絡先を尋ねられても勝手に自己判断で教えない

機密文書の取り扱い

【席を立つ時】デスクに書類を置いたまま席を外さない。
【破棄する時】シュレッダーにかける。
【印刷する時】人がいない時に行い、原本を置き忘れないようにする。
【配布する時】書類に番号を記載し配布先を控えておく。
【郵送する時】中身が透けないよう二重封筒にし「親展」と記し簡易書留で送る。
【他部署の人に渡す時】相手が不在の場合はデスクなどに置かずいったん持ち帰る。
【保管する時】鍵のかかるキャビネットに入れ、鍵は上司と秘書がそれぞれ一本ずつ持つ。

上司不在時の社外への対応

上司不在時に連絡を取りたいという社外の人へ上司の連絡先を教えてはいけません。さまざまなケースをおさえておきましょう。

秘書Aの部署に上司(部長)の出張中(翌々日出社予定)に、取引先のT氏から「商品の不具合の件で、至急直接部長と話したい」という電話が入った。かなり気分を害している様子である。上司は出張中であると言ってから、どのように対応するのがよいか。

「課長に電話を代わり、事情を聞くがどうか」	「直接部長と話したい」に対応していないのでNG。
「出社は明後日の予定なので、改めて明後日に電話をもらえないか」	「至急」に対応していない。相手に電話をするよう頼んでいるのは相手を煩わせているのでNG。
「出張中の上司に私から伝えるので、詳しく聞かせてもらえないか」	秘書の権限を越えているのでNG。急ぎに対応しておらず、「直接話したい」にも対応していないのでNG。
「上司の連絡先を教えるからそこへ電話してもらえないか」	上司の連絡先を外部に教えてはならない。相手に電話をかけさせるなど煩わせない。
「出張先に連絡をして、上司からT氏に直接電話をするよう伝えるがよいか」	至急の対応と、上司から直接連絡する対応であるため正しい。

「ご子息の結婚式に祝電を送りたい」場合、式場など教えてもかまいませんが、「お祝いの品を贈りたい」場合は、①(先方に)後程連絡すると伝える　②上司に確認する　③了承を得たら知らせる、の順で対応します。

次は秘書Aが先輩Bから、「上司のことについて社外の人にはむやみに話してはいけない」と教えられたことである。中から不適当と思われるものを一つ選びなさい。

1）出退社時間　2）肩書　3）外出先　4）家族構成　5）在否

解答・解説　**正解：2**

むやみに話してはいけないのは、知られると差し支えが出るような仕事のことや個人的な情報など。肩書とは地位、身分、役職のこと。むやみに話してはいけないと教えたのは不適当である。

必要とされる資質 Lesson 3

新しい上司につく

新しい上司についたら、その日から上司の仕事の仕方に合わせます。前任の秘書から引き継ぎますが、上司とのコミュニケーションを重ねることも大切です。

知っておくべき上司の情報

秘書は上司の仕事内容をはじめ補佐する際に必要な範囲で情報を把握しておくことが必要です。ただし上司のプライバシーに立ち入り過ぎることや、出張や会議などについての詳細まで知ることは行き過ぎた行為です。

上司の情報		
	・仕事内容	・好み・嗜好品・趣味
	・仕事の進め方	・外部の所属団体
	・人間性や性格	・私的な社外活動
	・略歴・資格	・家族・交友関係

Point

上司の仕事の仕方や情報については、前任の秘書に引き継ぎとともに確認しておきます。

新しい上司についたら

・上司の仕事の仕方を覚え、上司に合わせる努力をする
・仕事の仕方について上司の意向を確認しながら進める(ただし、頻繁に確認するなど上司を煩わせることはNG)
・コミュニケーションを重ね、話し合う機会を持つ
・前の上司と比較しない
・前の上司との仕事の仕方を押し通さない
・自ら歩み寄り理解しようと努力する
・前任の秘書から上司について引き継ぐ

こんな時どうする?

新しい上司が、部下の人物像について尋ねてきた時	その部下のよいところを中心に伝える。
上司が秘書の仕事に不満そうな時	「何か気をつけることはないでしょうか」と聞いてみる。
仕事の仕方で上司から指摘を受けた時	まずはお詫びをして、前任の秘書にアドバイスをもらうなど対策を講じる。

秘書Aの上司が代わった。次は新しい上司への対応で心掛たり、行ったことである。中から不適当と思われるものを一つ選びなさい。

1）早く上司の仕事の仕方を覚え、上司に合わせる努力をしている。
2）コーヒーや緑茶など、飲み物の好みを早く覚えるようにした。
3）上司が部下の人物像について聞いて来た時、長所も短所もありのまま伝えた。
4）上司の前任秘書に身の回りの世話はどのようにしていたか、よく聞いておいた。
5）上司の仕事の仕方をつかむまでは、コミュニケーションを重ね、理解しようとしている。

解答・解説 **正解：3**

部下の人物像について聞かれた時は、良い面を中心に話す。短所もありのまま伝えるのは不適当である。

必要とされる資質 Lesson 4

上司への気遣い

上司への気遣いや配慮をすることは秘書として大切な行為です。伝え方に気をつけてさりげなく上司に配慮しながら伝えることを常に心がけます。

上司への伝え方

伝える内容

・上司の健康や服装・食事についての進言
・上司に悪影響を及ぼす可能性のあるミスやうわさについての進言
※ただし、言い方については言葉を選ぶ

上司に指示する言い方をしない

「ご体調を考え、早めにお帰りになられたらいかがでしょうか」 ▶ NG
「こちらの薬を時間になりましたらお飲みください」 ▶ NG
「予定が分かりましたら早めにお知らせください」 ▶ NG

できることをさりげなく提案する

「お茶を入れましょうか」 ▶ OK
「手軽に召し上がれるものを用意しましょうか」 ▶ OK
「薬を購入してまいりましょうか」 ▶ OK

体調を気遣ったスケジュールの調整

上司の体調を気遣うことも秘書の仕事。会議や出張、面談といったスケジュールの工夫や上司への確認、他部署とのスケジュール調整など、上司が仕事をしやすい補佐を意識します。

・予定を詰め込み過ぎないようにする
・スケジュールを調整した方がよいかどうか確認する
・部下が用事で来た場合、緊急でなければ翌日にしてもらう

ミスへの対応

自分のミス

まずは上司に報告し、お詫びをする。上司の判断を仰ぎ、今後の再発防止に努める。

後輩のミス

自分に非がなくてもまずは謝罪する。すぐに対処し、今後の再発防止に努める。後輩のミスの場合は、原因を分析し、今後ミスを起こさないよう指導する。

上司のミスへの対応

上司による勘違いや明らかなミスにも対応することが必要です。

明らかなミス

誤字脱字のような明らかな単純ミスは秘書が修正しておきます。

上司のミス

上司の勘違いやミスは「～ではありませんか」と指摘せず「私の聞き違いかもしれませんので確認させていただきたいのですが」と前置きしてから上司に尋ねます。

必要とされる
資質
Lesson 5

補佐の心得

上司から取りつがないようにと言われている場合や、よろしく頼むと言われた場合などの対応もおさえておきましょう。上司の了承を得るポイントをおさえておきましょう。

上司の了承を得る

短時間で済む簡単な仕事の場合は上司を煩わせるので確認したり報告する必要はありませんが、手伝いを依頼する時は、必ず上司の了承を得てから行います。

上司（部長）の仕事以外に、専務から別の仕事（書類をC社に届けるように）を依頼された

1 専務から書類を預かる
2 上司の了承を得る
3 専務の書類をC社に届ける
4 専務に報告
5 部長に報告

他部署の秘書から手伝いを頼まれた

1 上司の了承を得る
2 手伝いをする

同僚Aに手伝いを頼むことになった

1 上司の了承を得る
2 手伝いをAに依頼する
3 Aも自分の上司に了承を得る
4 Aに依頼し了承を得たことを上司に伝える

「取り次がないように」を取り次ぐ場合

取り次がないようにと言われても、全て取り次がないのではありません。どのような場合に取り次ぐのか、さまざまなケースを覚えておきましょう。

取り次ぐ場合の判断基準

・緊急性が高い・重要度が高い事態
・上司の恩師・親友など
・上司の上役からの呼び出し
・紹介状のある来訪者
・部下からの緊急連絡や緊急の用事
・家族からの緊急連絡
・社員や家族の緊急事態
（事故や急病など）
・取引先の転任・着任の挨拶訪問

「至急」「重要な」「緊急の」というキーワードに注意しておきましょう。

「よろしく頼む」と言われた場合

「よろしく頼む」と言って急に出かけることになる場合は、まずスケジュール変更など調整をしたり各関係先に連絡を入れたりします。

スケジュール変更の流れ

1 アポイントメントを取っていた来客へ連絡を入れる
2 丁重にお詫びをする
3 理由を伝える（「急用のため」など）
4 改めてアポイントメントが取れる日時を聞いておく
5 上司に確認して、アポイントメントを取り連絡する
（都合のよいタイミングを来客に事前に伺っておく）

理由を伝える際「急な会議」「工場の事故」といった、こちらの都合や機密情報などを知らせることはNGです。

秘書Aが出社すると上司(山本部長)から、「体調が悪いので今日は休む」と連絡があった。次はAがこのことを課長に伝えた後、行ったことである。中から<u>不適当</u>と思われるものを一つ選びなさい。

1）課長に、不意の来客の対応を上司の代わりにしてもらえるか尋ねた。
2）課長に、予定していた部内会議を延期することを関係者に連絡するがよいかと尋ねた。
3）上司との面会を予定していた客に電話して、急用で都合がつかなくなったとわび、こちらから改めて連絡すると伝えた。
4）明日以降の出社に備えて、普段できない上司のデスク周りの掃除や近くの窓を入念に磨いた。
5）上司がいつも出勤後メールをチェックしているので、代わりに上司のパソコンを開けて急ぎのものがあるかをチェックした。

解答・解説　　**正解：5**

上司の元に届くメールは、社用のものであっても上司が開封することが前提である。普段上司が出勤後にメールチェックをしていて、急ぎのものがあるかもしれないとしても上司に許可されていないのに開けることは越権行為であり、不適当となる。

必要とされる資質 Lesson 6

身だしなみ

秘書の身だしなみは、上司や会社のイメージに直結します。信頼感を与える好印象の身だしなみの基準をおさえておきましょう。

好印象を与える秘書の身だしなみとは

ヘアスタイル

- お辞儀の際、髪が落ちてこないようまとめたり、ピンで留めたりする
- 後毛がなく、毛先がまとまっている

メイク

- ノーメイクはNG
- ナチュラルメイクにする
- 人工的なもの(つけまつげなど)はNG

アクセサリー

- 華美でなく小ぶりでシンプルなものにする
- 多くつけない
- 時計は必ずつける
- 派手なもの、大きすぎるものはNG

服装

- ベーシックな色のスーツ
- シワがないこと
- 派手な色、柄でないこと(シャツ・ブラウス・ネクタイなど)
- 高価なブランド服はNG

靴

〈女性〉

- 中ヒールのパンプス
- ピンヒールやミュール・ブーツはNG
- 飾りが多いものはNG

〈男性〉

- 革の紐靴
- 奇抜な形はNG

身だしなみの三原則

清潔感

・メイクは健康的で上品であること
・ヘアスタイルについては、ロングヘアはまとめておく

機能性

・動きやすく仕事がしやすいこと
・電話応対の邪魔になるイヤリングや、機敏な動きに差し支えるハイヒールはNG
・座る、立つの動作が多くてもシワになりにくい素材を選ぶ

調和・バランス

・職場の中で周囲とのバランスが取れていること
・メイク、ヘアスタイル、服装、靴などのバランスが取れていること
・個性のある大柄の服や、奇抜な色のヘアカラーはNG

ゴルフコンペの際は、スポーティなスーツを着用します。パーティーの受付をする際は、改まったスーツなど、TPOに合わせて服装を選ぶことが大切です。

こんな時どうする?

ビジネスカジュアルと言われたら?

ノースリーブやデニムなどはNG。ノーネクタイ、ジャケットなしでもOKですが、ジャケットを持っておくと、急な面談や外出にも対応できます。襟のあるシャツを着ることや素材を工夫することもおすすめです。

新人秘書Aは先輩Bから秘書としての服装や身だしなみについて、次のように教えられた。中から不適当と思われるものを一つ選びなさい。

1）重役クラスの上司につくこともあるので高価なスーツを選ぶようにすること。
2）電話応対の邪魔になるような大ぶりなイヤリングは避けること。
3）お辞儀の際に髪が落ちてこないようにまとめたり、ピンで留めたりすること。
4）ノーメイク、または派手な化粧は避け、ナチュラルメイクを心がけること。
5）脱いだり着たりできる上着がよいが、ビジネスに適したものであれば柄物でもよい。

解答・解説　**正解：1**

つく上司が重役クラスであっても、秘書が高価なスーツを着る必要はないので不適当である。

Column1

上司を美しく補佐する
「自立美人」のルール

日本の美しい所作　美しい立ち居振る舞い

「揃える」

日本には「揃える」という丁寧で美しい所作が浸透しています。指先を揃える、靴を揃える、足並みを揃える、書類の角を揃えるなど、さまざまな「揃える」を自然に行える人は、オフィスでも美しく輝きを放ちます。雑然としている光景は、荒々しさや大切にされていない感じもして落ち着きませんが、美しく、角や先端が揃えられたものを目にした時、私たちは心が穏やかになり、清潔感や安心感で満たされます。そして何より「丁寧で大切に扱われている」という実感がありますね。簡単ですが繊細な「揃える」という小さな所作は「接遇」つまりおもてなしの原点。ぜひ今ここから実践してみてくださいね。

〈理 論〉
3日目

職務知識

職務知識は、上司と秘書の立場や役割を理解し、適切な判断や対応ができるかが問われます。どのような時も的確に対応できることが重要。秘書の補佐力が、忙しい上司の最高のサポートに繋がります。この分野も多くの問題を解くことが合格の鍵です。

CBT模擬試験も活用し、何度も繰り返しましょう。

職務知識

Lesson 1

秘書の役割

上司が経営や職務に専念できるよう、秘書は立場や役割をわきまえながら、上司の雑務を担い、上司が仕事をしやすい環境を整えます。

上司と秘書の役割と機能

組織には、直接利益を生み出す「ライン部門」と、ライン部門を補佐し支える「スタッフ部門」があります。

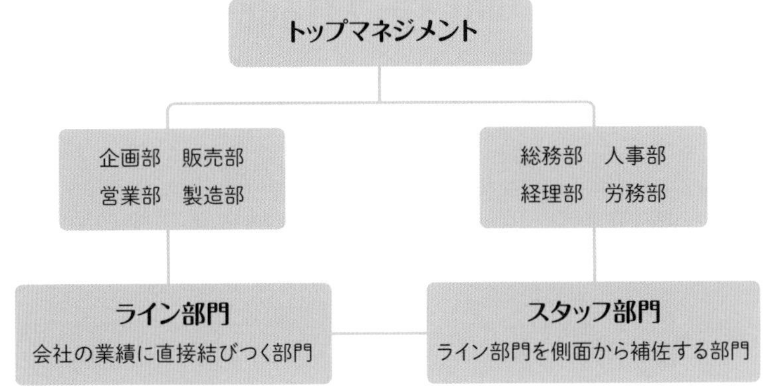

秘書は経営管理を担う上司を補佐する立場なので「スタッフ部門」にあたります。

	上　司	秘　書
機　能	企業経営・経営陣の補佐	上司の補佐
	直接経営に結びつく ライン機能	上司を補佐する スタッフ機能
仕　事	決裁・外部との面談や交渉・部下への指示・会議への出席など	上司の雑務代行・ スケジュール管理・来客応対・ 環境整備・文書事務など

上司の仕事やプライベートに立ち入らない

・上司の個人的なことに立ち入り過ぎない、他者に漏らさない
・上司の仕事に対して口出しをしない
・立場上知り得た情報は口外しない

秘書が行ってはいけない「越権行為」

秘書としての役割を越える「越権行為」を行ってはいけません。秘書が代行できないことをおさえておきましょう。

・上司の承諾なしに取引先への贈答をする
・秘書の名前で取引先への贈答をする
・上司に確認せずスケジュールを変更する
・上司の代理で会議やパーティーに出席する
・上司の仕事の範囲に意見や口出しをする
・稟議書に許可なく押印する
・上司の部下に指示を出す
・上司の許可なく面談の予約を入れる
・上司に指示する

「越権行為」とは、補佐としての役割の域を越える行為。
「独断専行」とは、上司の許可なく自分だけで判断、決定する行為。

上司の指示があれば行ってOK。上司の不在時は、上司の代理人や秘書課長に指示を仰ぎます。

次は秘書Aが、仕事をする上で心がけていることである。中から不適当と思われるものを一つ選びなさい。

1）Aにとって初めての仕事の指示を受ける時は、注意することはないか確認するようにしている。
2）上司から複数の仕事の指示がある時は、優先順位を確かめるようにしている。
3）上司の指示を受けている最中に、分からないことがあればその都度確認するようにしている。
4）上司の指示の内容で聞きたいことがある時は、指示が終わってから尋ねるようにしている。
5）上司からの指示が終わったらすぐに復唱し、間違わないように確かめるようにしている。

解答・解説　**正解：3**

指示を受ける際、分からないことや確かめたいことは上司の話を最後まで聞いた後にする。その都度確認するということは上司の話を遮ることになるので不適当である。

次は秘書が仕事上、上司の身の回りの世話などをする上で知っておく必要のあることである。中から不適当と思われるものを一つ選びなさい。

1）かかりつけの医者と普段飲んでいる薬
2）学歴と経歴
3）社内の評判
4）飲食の好み
5）来客、外出のスケジュールの組み方

解答・解説　**正解：3**

上司の身の回りの世話をすることは秘書の大事な仕事の一つであるが、社内での評判を知る必要はなく、余計なことなので不適当である。

職務知識

Lesson 2

定型業務

秘書は上司を補佐するための多岐にわたったルーティンワーク(定型業務)があります。

秘書の主な定型業務

秘書には上司を補佐するための多岐にわたった定型業務があります。技能の分野でも出題されますので覚えておきましょう。

来客応対

- 来客の取り次ぎ
- ご案内、お見送り
- 茶菓接待
- 上司不在時の来客応対

電話応対

- 電話の取り次ぎ
- 上司不在時の電話応対と報告
- 問い合わせへの対応

スケジュール管理

- 予定表の作成
- スケジュール変更、調整、連絡
- スケジュール確認
- 私的な予定のスケジュール管理

会議・会合

- 会議の案内状作成、発送
- 会議の準備、受付
- 食事や茶菓サービス
- 議事録作成

文書事務

- ビジネス文書の作成、清書
- 社内外の文書の受発信業務
- 「秘」扱い文書の管理
- 資料のコピー・印刷

交際業務

- 冠婚葬祭への対応
- 中元、歳暮など贈答の手配
- 贈答の礼状作成
- 見舞い・祝い事に関する手配

出張業務

・交通機関、宿泊先手配
・出張費の仮払い、精算
・出張準備
・関係者との連絡、調整
・旅程表作成
・出張中の連絡方法確認
・出張後の礼状作成
・出張報告書の清書

上司の身の回りの世話

・お茶、食事の手配
・車の手配
・健康状態への配慮
・主治医の連絡先把握
・持病や常備薬の把握
・健康診断などの予約
・私的な交際に関する手伝い

環境整備

・上司執務室、応接室の清掃
・上司執務室、応接室の整理整頓
・照明、換気、空調調節
・備品、事務用品の整備と補充

情報管理

・マスコミ対応
・資料整理
・社内外からの情報収集
・ファイリング

経理事務

・経費の仮払い、精算
・上司所属外部団体への会費納入
・会合への参加手続き

私的な予定とは、上司のプライベートな予定のこと。分かる範囲で秘書個人が持つ手帳に控えておきます。

次は秘書Aが、毎朝上司が出社するまでに行っていることである。中から不適当と思われるものを一つ選びなさい。

1）新聞を上司のデスクの上に置いている。
2）応接室の清掃や整理整頓ができているか確認している。
3）上司が出社したら、すぐに処理してもらいたい書類などを、デスクの一番目につくところに置いている。
4）上司が快適に過ごせるよう、温度、空調をチェックしている。
5）上司が前日の退社後に入った連絡事項は、上司にすぐ伝えられるようにしている。

解答・解説　　正解：3

出社してすぐにする仕事は上司が決めるもの。処理してもらいたい書類を秘書が置くことは秘書が上司に仕事の指示をしていることにもなり不適当である。

職務知識

Lesson 3

非定型業務①

非定型業務とは、突発的な事態への対応のこと。秘書は上司の指示や判断を仰ぎ適切に、迅速に対応します。予定していない不意の来客や不測の事態などへの応対をおさえておきましょう。

秘書の主な非定型業務

予定外の来客応対についての問題は多く出題されています。マナー・接遇分野でも出題されますので応対の流れをおさえておきましょう。

予定外の来客応対

- 予約のない来客に名前と会社名、用件を確認する
- 上司不在時は代理人に取り次ぎ指示を仰ぐ
- 上司への伝言を承る
- 改めてこちらから連絡する
- 来客の意向に沿って対応する

上司の急な出張

- スケジュール調整
- 関係者への連絡
- 出張準備
- 資料の準備
- 留守中の来客応対
- 上司との連絡確認

上司の交通事故

- 上司の代理人や秘書課長に連絡、指示を仰ぐ
- 社内の担当部署に連絡
- 程度により家族に連絡
- 大事故の場合顧問弁護士に連絡
- スケジュールの調整や、それに伴う連絡

上司の急病

- 主治医や家族に連絡
- 上司の代理人や秘書課長に連絡、指示を仰ぐ
- スケジュールの調整や、それに伴う連絡
- 上司の健康保険番号や主治医の連絡先を控えておく

盗　難

・上司や総務部の担当者に連絡
・被害を確認し指示があれば警察に通報

災　害

・来客を優先に避難誘導を行う
・人命第一で行動する
・事前に災害マニュアルなどで対処方法を確認しておく

不法侵入

・強引な営業やセールスへの対応
・脅迫・暴力行為は上司や代理人に報告し指示を仰ぐ
・状況により警察や警備室への連絡

マスコミ対応

・取材目的を確認
・取材依頼内容を確認
・写真撮影の有無の確認
・担当者の連絡先などの確認
・担当部署への連絡

引き継ぎ

・人事異動での引き継ぎ
・新しい上司に関する情報収集

後輩指導

・新人秘書指導
・後輩秘書指導

突発的な状況の際のために、事前にマニュアルの作成や上司との打ち合わせをしておきます。秘書が勝手に判断したり、対応したりすることはNG。上司不在の際は代理人や秘書課長に指示を仰ぎます。

次は秘書Aの上司の出張の準備をするに当たって心がけていることである。中から<u>不適当</u>と思われるものを一つ選びなさい。

1）手土産が必要かあらかじめ上司と相談し、用意している。
2）たばこを吸わない上司のために、宿泊するホテルの部屋は禁煙ルームを指定している。
3）上司には常備薬があるので、持ち物にあるかを確認している。
4）上司に旅程表を渡す時には、この通り行動してほしいと頼んでいる。
5）出張費の仮払いの現金の中に、千円札など金種を分けている。

解答・解説　　**正解：4**

出張の旅程表はあくまでも目安のものであるので、この通り行動してほしいと言うのは秘書の範囲を超えていて不適当である。

職務知識

Lesson 4

非定型業務②

予定が重なった場合は、緊急度や重要度を鑑みて判断しますが、秘書が判断できない時は上司に確認し指示を仰ぎます。

仕事が重なった時・優先順位・効率化

・優先順位の判断を上司に確認する
・自分の独断で判断しない
・日頃から仕事の所要時間を把握しておき、仕事の効率化を図る
・仕事が重なり一人で難しい場合は上司に許可を受けた上で手伝いを頼む
・ルーティンワークは効率よく進められるよう、日常の仕事を標準化し手順をマニュアル化しておく

Point

先に入った予定を優先するとは限りません。上司に必ず確認し、指示を仰ぎます。
上司不在の際は代理人に確認します。

不意の来客への対応

不意の来客とは、予約のないお客様のこと。挨拶訪問に来られた方や紹介状を持った来客への対応など、言葉遣いに注意して丁寧に応対することが必要です。

紹介状を持った来客

紹介状を持った来客は、予約なしのこともある。
紹介元に連絡を取ることもある。
紹介状は封が開いているが、秘書が中を確認したりコピーしたりしない。

挨拶訪問に来られた取引先の方

予約なしで挨拶訪問に来られた方は、短時間で済むため取り次ぐ。
上司不在時は代理人や秘書課長が対応する。
転任の挨拶は今後なかなか会えないため、代理人が対応する。
着任の挨拶の場合は改めて、出直していただくこともある。

上司の恩師や知人客

代理人が対応できないため、お引き取りいただくことになる。
伝言があればお預かりする。
関係性などを詳しく詮索するような聞き方をしない。

取材や寄付など営業の来客

おおよその用件を伺う。
こちらから改めて連絡すると答えるにとどめる。

次は新人秘書Aが、秘書の仕事として先輩から教えられたことである。中から不適当と思われるものを一つ選びなさい。

1）仕事が指示された期限に間に合いそうもない時は、どのようにするか上司に確認すること。
2）他部署の秘書から仕事の手伝いを頼まれた時は勝手に判断せず、頼んだ秘書の上司に了承を得てから手伝うこと。
3）上司から複数の仕事を任された時は、急ぐものや、優先順位を尋ねてから行うこと。
4）上司から仕事を頼まれてよくわからないことがあった時は、勝手に進めず上司に確認してから取り掛かること。
5）自分だけでは判断が難しいと思うことがあったら、上司や先輩に判断を仰ぐようにすること。

解答・解説 正解：2

他部署の秘書から手伝いを頼まれた場合、Aが勝手に判断せずに自分の上司の了承を得てから手伝うものなので、頼んだ秘書の上司に了承を得るのは不適当である。

職務知識

Lesson 5

メールの送受信

ビジネスツールとして欠かせないメール。送受信のマナーは、送る相手への配慮です。誤送信は、機密情報の流出という事態になりかねません。アドレスを確かめる、パスワードをつけるなど、慎重に確認して送りましょう。

メール送信のマナー

・必ず件名をつける
・署名をつける(自分の名前・会社名・所属・連絡先住所・電話番号・Emailアドレス・Webサイト URLなど)
・タイトルはひと目で何についてのメールか分かるようにする
・送信の日付、時間は正確であることを確認し設定する
・必ず署名を入れる
・挨拶文は簡潔にする。頭語・結語・時候の挨拶は不要
・文章は短く簡潔に、改行を多めにする
・送信する前に誤字・脱字や文章表現のチェックをする
・送信先のアドレスの確認をする
・緊急の用件や込み入った内容を伝える時は電話の方が確実
・第三者に読まれる可能性を鑑みて重要な情報、機密事項は安易に送らない
・ウィルス対策などセキュリティー管理をしておく
・添付書類にはパスワードをつける
・添付ファイルは圧縮するなどして、受信に時間がかからないよう配慮する
・誤変換や同音異義語に注意を払う
・顔文字や記号はビジネスメールでは使わない

メール受信のマナー

・1日に数回メールのチェックを行う
・返信は24時間以内に行う
・できるだけ早く返信する
・すぐに返信できない場合は、受信したことを伝える

誤送信への対処法

・誤送信されてきたメールを受信した場合は、先方に連絡し削除する
・正しい送信先に送ることは不要
・こちらから誤送信してしまった場合は、丁重にお詫びをし、削除していただくようお願いする
・情報の流出にもなりかねないため、送信前はアドレスや内容を十分にチェックする
・重要な添付書類には、パスワードをつけて送信する

誤送信の際お詫びは必要ですが「お詫び状を送る」ことは不要です。

Column 2

上司を美しく補佐する
「自立美人」のルール

ありのままを大切にする
「多様性ーダイバーシティ・インクルージョンー」

秘書は上司やお客様、取引先の方々との、ホスピタリティあふれる上手なコミュニケーションが必須です。価値観や考え方など多種多様な人間関係の中で、相手を理解し受け止めることは、秘書として、働く社会人として大切な資質です。個々の違いを受け入れ、相手を理解し、尊重するために、ぜひ心がけていただきたいこと。それは「まずは自分の多様性を受け入れ大切にすること」。自分自身のさまざまな側面を「ありのままの自分らしさ」として受容することができた時、自然に相手の価値観やこだわり、大切にされている想いを、尊重していく心の豊かさが育ちます。相手に心を馳せるように、ありのままの自分も大切にしていきましょう。

〈理 論〉
4日目

一般知識

一般知識は広範囲にわたって出題されます。日頃からニュースや新聞などで経済や社会情勢に関心を持ち、時事用語にも触れておきましょう。暗記が多い分野でもありますので、しっかりと理解し、繰り返し取り組むことが勉強のコツです。

1日目の用語レッスンも併せて覚えましょう。

一般知識

Lesson 1

企業経営の知識

資本と経営の分離	資本の所有者(株主)は自分では経営せず、株主総会で選任した取締役に任せること。
株式会社	株主、すなわち出資者で組織され、その株主は株主総会で会社の決定に参加、「取締役」と「監査役」を選任する。株式は原則として売買譲渡が自由である。
株主総会	株式会社の最高意思決定機関。株主が取締役・監査役の選任や解任、経営方針や決算案の決定などを審議する。
取締役会	取締役で構成され、経営の基本方針を決定する法で定められた会議。取締役会で代表取締役が選任される。
常務会	常務以上で構成される会議。非法定会議のため法的根拠はない。
代表取締役	法律上の名称で会社を代表する人。通称「社長」とも呼ばれる。取締役会で取締役の中から1名以上を選出する。
取締役	法律上の名称。会社の役員のことで、会社の業務執行に関する意思決定を行う人のこと。
監査役	株主総会で選出され、会社の業務執行について監査をする。代表取締役、取締役の職務執行を監査する業務監査、会社の金銭面を監査する会計監査がある。
相談役	会社で発生する問題に対して、助言や紛議の調停などを担う役職。
顧 問	法律や税務、技術、経営などのスペシャリストとしての立場から、企業の課題に対して相談を受け、専門的なアドバイスを行う役目の人のこと。

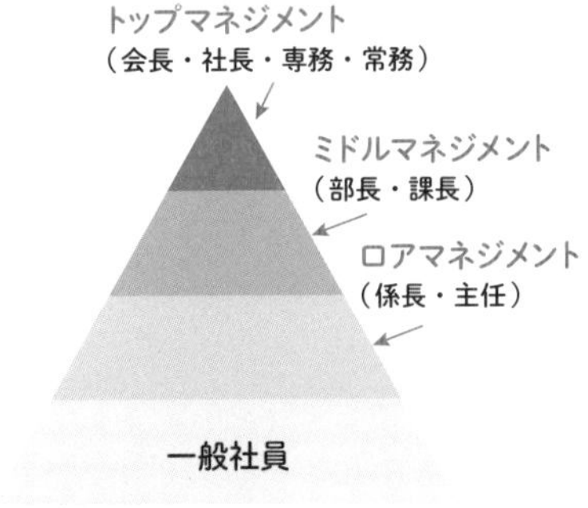

トップマネジメント	代表取締役 専務取締役 常務取締役 (経営者層)	
ミドルマネジメント	部長・課長 (中間管理層)	
ロアマネジメント	係長・主任 (現場管理者層)	

上場会社	証券取引所で株式が取引される企業のこと。
合弁会社	複数の会社が出資して設立した会社。
合同会社	利益・権限などの配分が出資金額の比率にかかわらない、有限責任を負う社員で構成される(2006年の会社法で定められた会社形態)。
定款(ていかん)	会社の根本原則のこと。会社の基本的内容である、目的、組織、事業所の場所などを記す。会社の設立時には定款を定め、公証人の認証を得なくてはならない。
社是(しゃぜ)	会社の基本方針や、指針、理念。
社訓	会社の経営理念や心構え。
有限責任	出資者は出した資金の分以外は責任を持たないこと。
増資	新しく株券を発行するなどの目的で資本金を増やすこと。
減資	事業の見直しや規模縮小で会社の資本金が減ること。
増配	配当額が前の期よりも増加すること。
減配	配当額が前の期よりも減少すること。

次の「　　　」内の説明で適当なものを選びなさい。

「株主総会で選出され、企業の会計や業務執行について検査をする人」

1）代表取締役
2）相談役
3）常務取締役
4）監査役
5）総務部長

解答　　正解：4

次の「　　　」内の説明で適当なものを選びなさい。

「株式を発行し、その株式を出資者に販売することで資金を集めて経営を行う会社のこと」

1）親会社
2）株式会社
3）合同会社
4）合資会社
5）下請け会社

解答　　正解：2

一般知識

Lesson 2

法律に関する知識

商号	企業が営業活動で使用する名称のこと。企業名、会社名。
登記	法律上の権利関係を明らかにするために登記簿に必要事項を記載する手続きのこと。会社設立時などに登記を行う。
コンプライアンス	法令順守または法令遵守。企業が法律や決まり、倫理を守って経営を行うこと。
コーポレートガバナンス	企業統治。企業経営が利害関係者に対して適正になされているかチェックし、管理監督するための仕組みや体制のこと。
ディスクロージャー	情報公開。利害関係のある株主や取引先に、事業内容、成果、経営状態などを開示すること。
独占禁止法	自由で公正な競争経済を促進するために制定された法律。大企業による独占状態を取り除く。
寡占	ある商品市場の大部分を少数の企業が支配してしまうこと。
公正取引委員会	公正で自由な競争原理を促進し、民主的な国民経済の発達を図ることを目的として設置された行政機関。
商標	自社の商品を他社の商品と区別するために使用する文字や図形記号などのトレードマークのこと。
意匠	商品の形やデザイン、色などに関する考案のこと。
倒産	企業が経営困難になり、振り出した手形が不渡りになるなど支払いができなくなる状態のこと。

破 産	再建が見込めずに、債務者としての支払いが不能になった時、会社が消滅・解散すること。
会社更生法	資金繰りなどで経営が行き詰まった会社を破産させずに再建させることを目的とした法律のこと。
民事再生法	企業が倒産する前に、裁判所に再建手続きを申し出て、事業の再建や継続を図ることを目的とした法律のこと。
抵 当	債務者が債権者に権利や財産を差し出し、借金などの保証にあてること。
抵当権	債権者が担保とした物件を債務者に使用させたまま債務が返済されない場合、優先的に弁済を受ける権利のこと。
担 保	債務などが返済されない時の保証として、あらかじめ債務者が債権者に預けて弁済の手段になるもののこと。
背 任	自分の地位や役職を利用して利益を図り、会社などに損害を与えること。

一般知識

Lesson 3

人事労務の知識

就業規則	労働基準法に基づき、始業時間、休日、賃金といった労働条件や、服務規程などを定めたもの。
OJT	On the Job Trainingの略。職場内で行う従業員訓練。
OFF-JT	Off the Job Trainingの略。職場外で行う従業員訓練。
人事考課	上司が部下の業務遂行能力や勤務態度、意欲などを評価し査定すること。
自己申告制度	社員の方から会社側に職務の満足度や、業務に対する意欲を伝えたり、配置転換の希望を申告したりする制度。
配置転換	社内で職場や勤務地や仕事内容を変えること。
人事異動	社員の職務や勤務地などを配置し直すこと。
ジョブローテーション	定期的に人事異動を行い、より多くの業務を経験させ、職場の活性化を図ること。
昇進	上位の職務に地位が上がること。⇔ 降格
昇格	役職以外の等級や資格級が上がること。
栄転	現職より高い地位につくこと。敬意を込めた表現。⇔ 左遷
降格	役職や序列が下がること。⇔ 昇進・昇格
左遷	役職や地位を下げられること。⇔ 栄転

出向	社員が今の会社に籍を置いたまま子会社や関連会社に長期間勤務すること。
フレックスタイム	一定時間勤務すれば、一定の時間帯内で出社、退社の時間を定めない勤務制度。
コアタイム	フレックスタイム制導入企業の全社員共通の勤務時間帯。
ベースアップ	ベアともいう。基本給の水準を引き上げること。
モチベーション	行動を起こす時の動機付けや仕事への意欲のこと。
モラール	従業員の労働意欲のこと。
年功序列	年齢、勤続年数により賃金や職位を決定すること。
終身雇用	同一の企業で定年まで働くこと。
稟議制度	自分の権限だけで決定できない事柄について稟議書を通して決裁をもらうこと（ボトムアップ）。

次の組み合わせの中から<u>不適当</u>なものを選びなさい。

1）出向＝社員が今の会社に籍を置いたまま子会社や関連会社に長期間勤務すること
2）転勤＝勤務地が変わること
3）左遷＝現職より高い地位につくこと
4）昇進＝地位が上がること
5）定年＝正規雇用者が一定の年齢に達したら仕事を退職する場合の年齢のこと

解答・解説 **正解：3**

「左遷」とは役職や地位を下げられることで、この場合は「栄転」が適当である。

一般知識

Lesson 4

会計・財務の知識

決算公告	株式会社が前年度の決算を一般に知らせること。
連結決算	別法人の親会社と子会社の決算をまとめて行うこと。
粉飾決算	架空の利益を計上し、健全な経営をしているように見せかけた決算。
減価償却	長期間利用する建物や機械などの資産が使用されることで、価値が減った分を費用とみなして経理上の処理をすること。
棚卸し	決算を行う前などに、帳簿上の在庫数量と実際の数量を確認するための作業のこと。
財務諸表	株主などの外部関係者に企業の財政、経営状態を報告する。一定期間ごとに決算する必要があり、その際に作成されるのが財務諸表。
貸借対照表	バランスシート(B/S)。一定期間の資産、負債、純資産の内容を一覧に表したもの。
損益計算書	(P/L)一定期間の経営状態を表したもの。企業がどの程度利益を得たか、または損失したかが分かる。

貸借対照表

決算日

決算日

貸借対照表
Balance Sheet(B/S)

期末時点の財産の状態

資産の部

総資産

資産

流動資産
1年以内に現金化ができるもの

固定資産
1年以上かけて価値を減らしていくもの

繰越資産

負債・資本の部

負債

流動負債
1年以内に支払うもの

固定負債
1年以上かけて支払うもの

資本

借金ではない自前の元手

総資本

資本の運用

資本の調達

損益分岐点	利益の発生と、損失の発生の分かれ目となる分岐点。つまり利益も損失も出ない。 費用 / 売上高 / 利益 / 損益分岐点 / 損失 / 売上高
純利益	企業が稼いだ利益から法人税などの全ての費用を引き、最終的に残った純粋な利益のこと。
粗利益	売上高から原価を差し引いた儲け分の金額のこと。粗利ともいう。
一般管理費	企業全体を管理するために必要な費用。人件費、交通費、賃貸料、光熱費など。
引当金	将来のある目的の費用のために見積りして計上するもの。退職金、修繕費など。
売掛金	商品・サービスを売った後、まだ受け取っていない代金のこと。
買掛金	商品・サービスを買った後、まだ支払っていない代金のこと。
固定資産	１年以上、企業が土地や建物などを所有する資産のこと。
固定負債	長期の借入金、長期未払金、社債などのこと。
流動資産	1年以内に現金化できる資産のこと。現金、有価証券、売掛金など。
流動負債	1年以内に返さなければいけない負債のこと。
融 資	金融機関が、企業や個人に資金を貸し出すこと。
社 債	企業が長期的に資金を借り入れるために発行する債券のこと。
負 債	企業が返済しなければならない債務のこと。
名目賃金	労働の対価。賃金として受け取るお金のこと。
実質賃金	労働者が受け取る金額をその時の消費者物価指数で割ったもの。現在の購買力を示す賃金のこと。

一般知識

Lesson 5

税務の知識

領収書

代金を受領したことを証明する受領証のこと。

※5万円以上には収入印紙を貼り「消印」を押す。消印がないと印紙税を納めたことにならない。

No. ＊＊＊
□□株式会社様
□□年□□月□□日

領収書

金　¥□□□,□□□※

印紙 印

但し：○○○○代金として

税抜金額 □□□,□□□円
消費税額 □,□□□円

○○○株式会社
○○支店○○部
tel.00-000-0000
社印

収入印紙

国が発行する証票。税金や手数料の支払いの証明となるもののこと。郵便切手と同様、必要な金額分の印紙を書面に貼り付ける。

- 収入印紙に消印を押すことで「印紙税」を納付したことになる（収入印紙が貼られていない場合も領収書としての効力には変わりはない）。
- 収入印紙は郵便局・切手を売っている所で買うことができる。
- 請求書には必要ない。
- 5万円以上の領収書に対して収入印紙が必要。

源泉徴収

給与などが支払われる際に、支払者が前もって所得税を天引きし、税金を納めること。

年末調整

給与所得者が1年間に源泉徴収された所得税額を計算し、所得税の過不足を調整する制度。

確定申告

納税義務者の個人・法人が、所得と税額を自ら算出し、税務署へ申告すること。

青色申告

事業所得者が一定の帳簿書類を備え付けて申告することで、税金面で有利な計らいを受けられる制度。

可処分所得	個人の所得から税金や社会保険料などを除いた、自由に使える所得のこと。
基礎控除	全ての納税義務者が無条件で課税標準額から差し引くことのできる一定の金額のこと。
所得控除	基礎控除、扶養控除、医療費控除などの金額を差し引くこと。
直接税	税金を支払う人と納税義務のある人が一致する税金。 所得税・法人税・住民税・固定資産税など。
間接税	税金を支払う人と納税義務のある人が一致しない税金。 消費税・酒税・印紙税など。
法人税	法人（企業）の所得に課せられる国税。
消費税	一般的な消費に課せられる国税。
事業税	法人が行う事業や個人事業に対して課せられる地方税。
印紙税	法律で定められた文書（契約書や領収書）に課せられる国税。
住民税	都道府県や市区町村が行う行政サービスに対して課せられる地方税。
所得税	個人の所得に課せられる国税。
贈与税	贈与を受けた人がその財産に対して課せられる国税。
相続税	相続する財産に課せられる国税。
固定資産税	土地、建物などの固定資産に課せられる地方税。
印 税	出版社などから著作権者に支払われる著作権使用料。
復興特別所得税	東日本大震災からの復興に必要な財源を確保するために創設された税金のこと。個人の所得税に上乗せして徴収される直接税。
累進課税	課税対象の金額が高くなるにつれて税率が高くなること。

「個人に課せられる税金」を次の中から不適当と思われるものを一つ選びなさい。

1）住民税
2）法人税
3）相続税
4）固定資産税
5）所得税

解答・解説 **正解：2**

「法人税」とは、会社など法人の所得金額などを課税標準として課される税金のことである。

一般知識

Lesson 6

手形・小切手の知識

有価証券

自由に売買、譲渡ができる証券。小切手、手形、債券、商品券、株券など。

当座預金

手形や小切手で決済ができる預金のこと。小切手が提示されたら銀行は振出人の当座預金口座から支払う。預金は無利子で、いつでも入出可能。

小切手

AB12345　小　切　手　京 都 3001 0001-000

支払地　京都府○○○○○

株式会社　○○銀行○○支店

金 額　¥3,600,000※

上記の金額をこの小切手と引き替えに
持参人にお支払いください
拒絶証書不要

振出日　令和○年○月○日

振出地　京都府○○○　振出人

京都府○○○○○
株 式 会 社　○ ○ ○ ○
代表取締役　○ ○ ○ ○　印

0123456789012345678901234567890123456789

受取人からの請求に対する支払いを、企業が銀行に委託した証券のこと。

線引小切手

いったん自分の預金口座に入れないと現金化できない小切手。横線小切手ともいう。

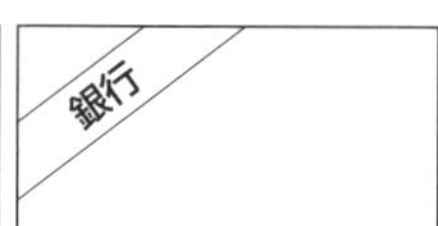

先日付（さきひづけ）小切手

振出しの日付を実際に振り出した日より先にした小切手。

約束手形

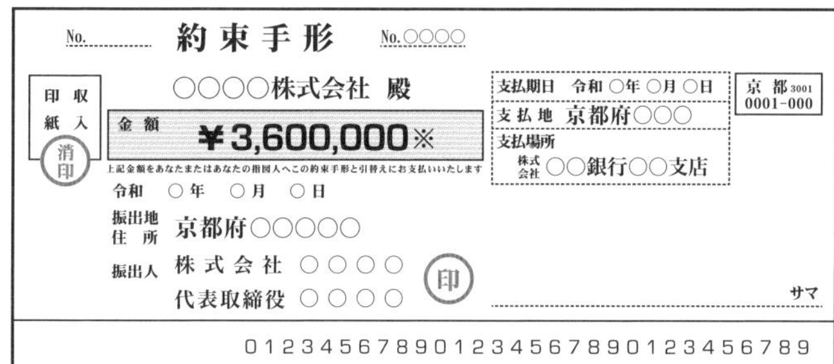

No.
約 束 手 形
No.○○○○
印 取
紙 入
消印
○○○○株式会社 殿
金 額 ¥3,600,000※
上記金額をあなたまたはあなたの指図人へこの約束手形と引替えにお支払いいたします
令和 ○年 ○月 ○日
振出地
住 所 京都府○○○○○
振出人 株 式 会 社 ○○○○
代表取締役 ○○○○ 印
支払期日 令和 ○年 ○月 ○日
支 払 地 京都府○○○
支払場所
株式会社 ○○銀行○○支店
京 都 3001
0001-000
サマ
01234567890123456789012345678 9

振出人が受取人に対して一定の金額を一定の期日に支払うことを約束する証券のこと。銀行が支払人として委託されて支払う。

不渡手形　預金不足のために引き受けや支払いを拒絶された手形のこと。
6か月以内に2回出すと取引停止処分を受け、事実上の倒産となる。

手形割引　手形の所持人が、支払期日までに手形を現金化したい時、支払期日までの利息や手数料を差し引いた金額で銀行に買い取ってもらうこと。

手形裏書　手形の所持人が裏面に所定事項を記入・押印して第三者に渡し、権利の譲渡をすること。

債 権　貸したお金を請求し、返してもらう権利のこと。

債 務　借金を返さなくてはいけない義務を負うこと。

一般知識

Lesson 7

印鑑に関する用語

認 印
印鑑登録していない印のこと。一般的に利用される。

実 印
市区町村に登録した印鑑。重要書類(車や家の購入時の契約書など)に押す印。

公 印
会社や役所など公的な場で使用される印鑑のこと。公務で利用される印。

代表者印
法務局に届け出て登録した会社代表者の印鑑。形は丸印でも角印でもよい。個人の実印にあたるもの。一つの会社が一つのみ所持できる。

銀行印
取引銀行に届け出る印鑑。小切手、手形の振り出し時、預金などの引き出し時に使用。

訂正印
字句を訂正する時、訂正したことを明らかにするために訂正部分に押す印のこと。

渋谷
東京都~~品川~~区恵比寿1-2

渋谷
東京都~~品川~~区恵比寿1-2

消印

収入印紙や切手と台紙にまたがって押す印のこと。再利用防止のため。

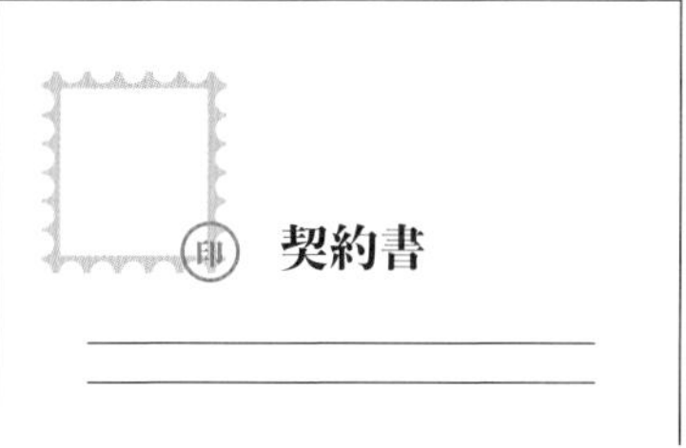

封印

重要書類の封筒の綴じ目に押すなど勝手に開かれないように押す印のこと。

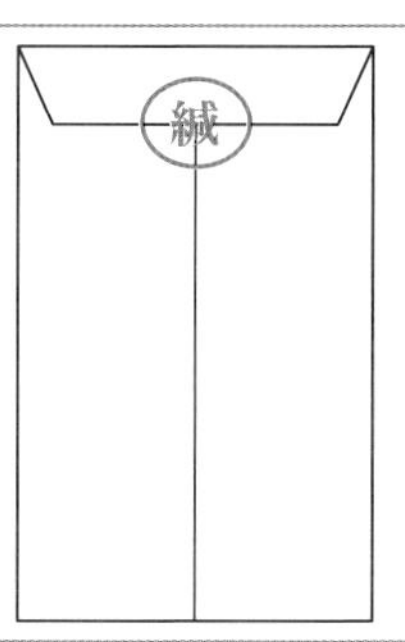

契印

2枚以上の同一文書に、差し替えられないように書類の継ぎ目にまたがって押された印のこと。

割印

2枚の書類が互いに関連することを示し、差し替えられないように押された印のこと。

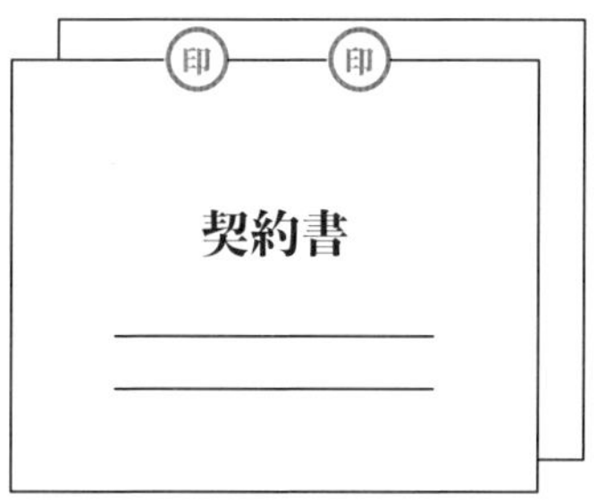

捨印

契約書などの文書内容に訂正する必要がある場合のために、あらかじめ欄外に押しておく印のこと。

一般知識

Lesson 8

マーケティング・生産管理に関する知識

PDSサイクル

経営管理の基本機能のこと。①計画する（Plan）②実行する（Do）③検討する（See）、この三つの循環のこと。

PDCAサイクル

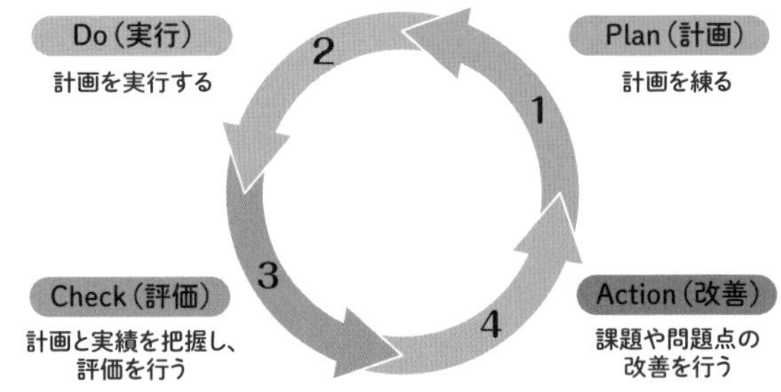

経営管理の基本機能のこと。①計画する（Plan）②実行する（Do）③評価する（Check）④改善する（Action）、この四つの循環のこと。

マーケティング

生産者が商品・サービスを消費者に渡すまでの、一連のビジネス活動のこと。

マーケットシェア

市場占有率。ある製品が同じ製品類の市場に占める割合。

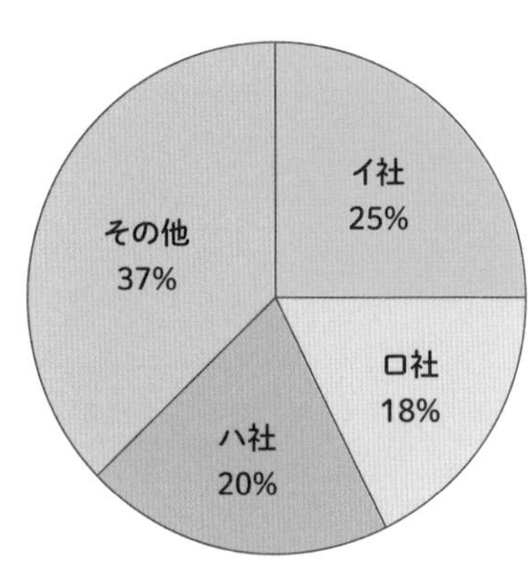

マーケットリサーチ	市場調査。新商品開発をしたり販売方策を立てたりするため、アンケートなどを通して消費者ニーズを調べるといった活動のこと。
マーチャンダイジング	商品化計画。消費者のニーズに合わせて適切な時期や値段、数で提供する計画のこと。
マーケットセグメンテーション	市場細分化。市場を消費者の性別や年齢、職業、収入に細分化して商品開発、販売促進に繋げること。
キャンペーン	宣伝活動のこと。
セールスプロモーション	販売促進活動。商品に広告、景品を付けるなどのキャンペーンを通して販売促進する活動のこと。
パブリシティ	商品や技術などをマスコミでニュースや記事に取り上げられ、紹介してもらう活動のこと。
POP広告	購買を促す小売店や店内に施されるパネルやポスター、ディスプレイなどの宣伝広告のこと。
バナー広告	インターネットのホームページに掲載されている帯状の広告のこと。それをクリックすると情報が見られる。
DM	ダイレクトメール。宛名広告。個人宛ての郵便などで直接送るカタログをはじめとした広告のこと。
アンテナショップ	商品のPRと、消費者の動向や反応を見るための店舗。
スケールメリット	経営規模が大きければ大きいほど生産性や、経済効率が上がること。
POSシステム	小売店で用いられる販売時点情報管理システムのこと。
クーリングオフ	訪問販売などで契約したものを、一定期間内であれば解約できる制度のこと。
ニッチビジネス	すき間産業。従来なかったビジネスジャンルを開拓すること。
CI	コーポレートアイデンティティ。会社の独自性を表すために、会社名やロゴマークなどを見直して企業イメージを統一すること。

インセンティブ	会社が消費者や、販売店、社員などに対して行う意欲刺激策。奨励金、報酬や賞のこと。
TQM	トータルクオリティマネジメント。総合的品質経営。組織全体として品質管理目標への取り組みを経営戦略へ適用したもの。
ZD運動	ゼロディフェクツ。無欠点運動。生産段階での欠陥をなくすために従業員が注意工夫すること。
カンバン方式	必要な時に、必要なものを共有することで在庫を抑えることができる、トヨタ自動車が開発した方式のこと。
エコマーク	環境に配慮し、環境保全に役立つと認められた商品につけられるマーク。日本環境協会が認定。
グリーンマーク	古紙を規定の割合以上使用した製品に表示されるマーク。古紙再生促進センターが承認。
JIS	日本産業規格のこと。産業標準化法に基づいて制定される任意の国家規格。

「マーケティング」とは直接関係のない言葉を一つ選びなさい。

1）顧客分析
2）定量情報
3）営業活動
4）人員計画
5）市場分析

解答・解説 **正解：4**

「マーケティング」とは、製品やサービスが生産者から消費者にわたるまでの売れる仕組みをつくること。「人員計画」とは、人材採用や人員配置などに関する計画のことなので、直接関係はない。

一般知識

Lesson 9

カタカナ用語

アウトサイダー	部外者
アウトソーシング	外部委託、外部調達
アウトプット	出力、成果
アカウント	勘定
アセスメント	評価すること
アビリティー	能力、技量、手腕
アメニティー	環境の快適性
イニシアチブ	主導権、率先する
イノベーション	技術革新、経営革新
イマジネーション	想像、想像力
イレギュラー	不規則
インサイダー	内部関係者
インセンティブ	刺激、報酬
インプット	入力
エージェント	代理人、代理業者
エグゼクティブ	企業や団体の重役、経営幹部
エビデンス	根拠、証拠

オーソリティー	権威、権威者
オピニオン	意見、世論
オファー	申し出、提案
オフィシャル	公式の、職務上の
オブザーバー	傍聴者
オプション	選択権、自由選択
オペレーション	操作、運転
ガイダンス	指導、説明
ガイドライン	基本方針、指針
キーパーソン（キーマン）	中心人物、重要人物
キャパシティー	収容力、容量
キャピタルゲイン	資本利得
ギャランティー	出演料、保証料
キャリア	経歴、経験
キャンペーン	宣伝活動
クオリティー	品質、性質
クライアント	依頼人

クリエーティブ	創造的
グレード	等級
クレジット	信用、信頼
コスト パフォーマンス	費用対効果
コネクション	縁故、連絡
コピーライト	著作権
コミッション	委託手数料
コミュニティー	地域社会
コメンテーター	解説者
コラボレーション	共同制作
コンサルタント	専門的な指導を与える相談役、顧問
コンシューマー	消費者
コンスタント	一定
コンセプト	概念、考え方
コンセンサス	合意
コンタクト	接触、連絡
コンテンツ	目次、情報の内容
コンビネーション	組み合わせ
コンペティション	競争、競技
サジェスチョン	示唆、提案
サステナブル	持続可能な

サンプリング	標本抽出
ジェネレーション	世代
シミュレーション	模擬実験
シルバービジネス	高齢者を対象にした事業
シンクタンク	頭脳集団
スキル	技能、熟練
スケールメリット	規模が大きくなることによって得られる利点
ステークホルダー	利害関係者
ステータス	社会的地位
スポークスマン	情報機関に発表する担当者
セキュリティー	安全
セクション	部門
セレクト	選択
ターゲット	標的、販売対象
タイアップ	提携、協力
ダイバーシティ	多様性
ダンピング	採算を度外視して安い価格で販売すること
ツール	道具
ディーラー	販売業者
ディスプレイ (ディスプレー)	陳列、画面
ディティール	詳細、細部

デッドライン	限界線
デベロッパー（ディベロッパー）	開発業者
デモンストレーション	商品などの宣伝活動
テリトリー	行動範囲
トップダウン	上位の者の意思決定に部下が従うこと⇔ボトムアップ
トライアル	試み、試行
トレンド	動向、流行
ニューノーマル	新常態
ネガティブ	消極的⇔ポジティブ
ネゴシエーション	交渉、折衝
ノウハウ	物事のやり方やコツ
ノベルティー	宣伝のために配布する広告品
パーソナリティー	個性、人格、人柄、性格
バイオテクノロジー	生命科学
パテント	特許、特許権
バリアフリー	高齢者や障害者など誰もが生活していく上での障害物を除去すること
バリュー	値打ち、価値
ビジョン	展望、将来の見通し
ファクター	要素、要因

フォーマット	書式
プライオリティー（プライオリティ）	優先順位、重要度
ブラッシュアップ	さらに磨きをかけてよくする
フランク	ざっくばらん
フレキシブル（フレキシビリティ）	柔軟なこと、融通が利く
プレゼンテーション	提案、提示
プレッシャー	圧力
プロセス	過程
プロダクト	生産、製品
プロモーター	主催者
フロンティア	未開拓分野
ヘッドライン	新聞などの見出し
ペナルティー	罰則
ベンチャービジネス	新規事業
ペンディング	保留
ボーダレス	境界線がないこと
ホスピタリティー	親切なおもてなし、深い思いやり
ポテンシャル（ポテンシャリティー）	潜在能力
ポリシー	方針、方策

マテリアル	材料、原料
メインバンク	主要な取引銀行
メソッド	方法、手法
メリット	長所、利点 ⇔デメリット
メンテナンス	保守、維持
モチベーション	動機付け
ユーザー	製品の使用者
ライフサイクル	商品の寿命
ラジカル	急進的
リアクション	反応
リース	長期の貸付
リコール	生産者が欠陥製品を公表し、回収して無料で修理すること
リサーチ	調査、研究
リザーブ	予約
リスクマネジメント	危機管理
リストラクチャリング	事業の再構築
リニューアル	改装、 新しくすること
リベンジ	再挑戦
リミット	限界、限度
ルーティンワーク（ルーチンワーク）	日常的な仕事
レクチャー（レクチュア）	講演、講義
レンタル	短期の賃貸
ロイヤリティー	特許使用料
ローテーション	輪番
ローン	貸付

次の組み合わせの中から不適当なものを選びなさい。

1）プロセス＝過程
2）パテント＝価値
3）メソッド＝方法
4）リサーチ＝調査
5）リザーブ＝予約

解答・解説 　**正解：2**

「パテント」とは、特許、特許権のことである。

Lesson 10

略語

AI	人工知能
APEC	アジア太平洋経済協力
ASEAN	東南アジア諸国連合
ATM	現金自動預け払い機
CEO	最高経営責任者
CI	企業戦略
COO	最高執行責任者
DM	ダイレクトメール
EU	欧州連合
FX	外国為替
GDP	国内総生産
GNP	国民総生産
GPS	全地球測位システム
IC	集積回路
ILO	国際労働機関
IMF	国際通貨基金
ISO	国際標準化機構

IT	情報技術
JAS	日本農林規格
JETRO	日本貿易振興機構
JIS	日本工業規格
LAN	施設内情報通信網
LSI	大規模集積回路
M&A	企業の合併・買収
NB	ナショナルブランド
NGO	非政府組織
NPO	民間非営利組織
ODA	発展途上国への政府開発援助
OECD	経済協力開発機構
OPEC	石油輸出国機構
PKO	国際平和維持活動
PL法	製造物責任法
POS	販売時点情報管理システム
TPP	環太平洋経済連携協定

WHO	世界保健機構
WTO	世界貿易機関
アポ	アポイントメント、 (面会などの約束)
安保理	安全保障理事会
育休	育児休業、育児休暇
エコ	エコロジー(環境)
外資	外国資本
外為	外国為替
行革	行政改革
経団連	日本経済団体連合会
健保	健康保険
公取委	公正取引委員会
国保	国民健康保険
コネ	コネクション、 親しい人間関係
産休	産前産後休暇
時短	時間短縮
自賠責	自動車損害賠償責任保険
住基 ネット	住民基本台帳ネットワーク システム
政府税調	政府税制調査会
生保	生命保険
損保	損害保険
大証	大阪証券取引所

地銀	地方銀行
超勤	超過勤務
定昇	定期昇給
東証	東京証券取引所
投信	投資信託
同友会	経済同友会
都銀	都市銀行
独禁法	独占禁止法
内需	国内需要
日銀	日本銀行
日商	日本商工会議所
販促	販売促進
ベア	ベースアップ
約手	約束手形
有休	有給休暇
リストラ	リストラクチャリング
連合	日本労働組合総連合会
労基法	労働基準法
労災	労働災害
労災保険	労働者災害補償保険
労組	労働組合

次の組み合わせの中から不適当なものを選びなさい。

1）内需＝社内需要
2）健保＝健康保険
3）投信＝投資信託
4）地銀＝地方銀行
5）東証＝東京証券取引所

解答・解説 正解：1

「内需」は、国内需要の略語である。

Column3

上司を美しく補佐する
「自立美人」のルール

何がしたいかの前にどう在りたいのかを考えよう

「Beingから始めよう！」

秘書検定を学ぶ方の中には、就職や転職などを考えている方も多いと思います。自分の将来のキャリアを考える時、どのような仕事に就きたいのか、何がしたいのだろうとまず考えると思います。自分に合った仕事や、強みを活かせる職種など、自己分析をしてさまざまな角度から職業選択を考えます。でも何がしたいかがはっきりと見えない時、少し考え方を変えて「どう在りたいのか」、つまり「どのような人生を歩みたいのか」を考えてみてはいかがでしょう。何がしたいか（Doing）ではなく、どう在りたいのか（Being）を考えることで、自分が本当にしたいことが見えてくるはず。心に素直に尋ねてみてください。答えはすでにあなたの中にあるのです。

〈実 技〉
5日目

マナー・接遇①

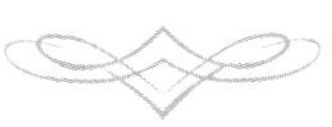

マナー接遇の前半は、秘書の業務の中でも極めて実践的な分野です。特に来客応対や言葉遣いは秘書だけでなく社会人として、誰もが身につけておくべきビジネススキルです。特によく使うビジネスフレーズは、職場で、日常で、実践していきましょう。

1日目の用語レッスンも併せて覚えましょう。

マナー・接遇①

敬語の理解

敬語は上司やお客様とのコミュニケーションには欠かせない基本的なマナーです。社内社外との橋渡し役として正しく美しい言葉遣いをマスターしましょう。

敬語の分類

敬語は 尊敬語・謙譲語Ⅰ・謙譲語Ⅱ・丁寧語・美化語の５種類に分けられます。尊敬語や謙譲語は、人にのみ使うことができます。

尊敬語

主語は「相手」

相手の動作を高めて敬意を表す

主語：お客様・上司・取引先

1 ～れる、～られる
2 お(ご)～になる／～なさる
3 特定の尊敬語に変える(最上級)

謙譲語

主語は「自分」

自分を下げて敬意を表す

主語：私・私ども

1 お(ご)～する、～いたす
2 お(ご)～いただく、お(ご)～願う
3 特定の謙譲語に変える(最上級)

丁寧語

言葉そのものを丁寧に言う

1 です、～ます
2 ～ございます
例:秘書のAでございます。ご案内いたします。

特定の表現をする尊敬語・謙譲語

記述問題に対応できるよう一覧表は暗記し、尊敬語と謙譲語を使い分けられるようにしましょう。敬語は「おっしゃる」のような「形が変わる」方が、程度が高い表現です。

普通語	尊敬語	謙譲語
する	なさる	いたす
いる	いらっしゃる、おいでになる	おる
行く	いらっしゃる	参る、伺う
来る	いらっしゃる　お見えになる お越しになる　おいでになる	参る、伺う
言う	おっしゃる	申す、申し上げる
見る	ご覧になる	拝見する
見せる	お見せになる	ご覧に入れる お目にかける
聞く	お聞きになる	伺う、承る、拝聴する
食べる	召し上がる	いただく
知る・知っている	ご存知	存じ上げる（対人） 存じる（対事柄・もの）
会う	お会いになる	お目にかかる
思う	思し召す（おぼしめす）	存ずる
あげる	おあげになる	差し上げる
もらう（受け取る）	お受け取りになる	いただく、頂戴する、拝受する
借りる	お借りになる	拝借する
着る	お召しになる、召す	着させていただく
読む	お読みになる	拝読する

秘書Aの、上司に対する言葉遣いで不適当と思われるものを一つ選びなさい。

1）出張中に広報部長から書類を預かったと言う時
「ご出張中に広報部長からこちらの書類をお預かりいたしました」
2）総務部長が時間をもらいたいと言っていると伝える時
「総務部長がお時間をいただきたいとおっしゃっていますが」
3）出張から戻った上司に挨拶する時
「ご出張、ご苦労様でございました」
4）昼過ぎ、外出から帰った上司に昼食を済ませたかと聞く時
「お昼はもう召し上がりましたか」
5）予約客（青木氏）が来たので、応接室に案内したと言う時
「ご予約の青木様がお越しになりましたので、応接室にご案内いたしました」

解答・解説　**正解：3**

「ご苦労様でございました」は目下の者が目上の者に使わない言葉である。このような場合は「お疲れ様でございました」が適当である。

間違いやすい敬語

敬語や言葉遣いは社内、社外との信頼を左右する重要なマナーです。敬語の誤用や日本語表現のNGをおさえておきましょう。

敬称の使い方

敬称と職名（部長の山田）や、社内、社外の方への呼び方に注意しましょう。

話す相手	正しい表現
上司に対して	部長、山田部長
社外の人に対して	山田、部長の山田（職名）
奥様に部長のことを	部長さん、山田部長さん
社外の田中部長を	田中部長様（口語のみに使える）

相手に謙譲語を使うのはNG

相手には尊敬語を使うべきところ、自分に使う謙譲語を使うことはできません。

NG表現	正しい表現
受付でお伺いください	受付でお尋ね（になって）ください 受付でお聞き（になって）ください
こちらの書類をご持参ください こちらの書類をお持ちしてください	こちらの書類をお持ち（になって）ください
何時頃ご出発いたしますか	何時頃ご出発なさいますか

身内に敬語を使うのはNG

社外の人に対しては、上司も含め社内の人は身内です。身内に敬語を使うことはできません。

NG表現（社外の人に対して）	正しい表現
その件確かに部長にお伝えいたします	そちらのご用件は確かに部長の田中に申し伝えます
山田部長から明日の面談の件お聞きしております	山田から明日の面談の件申しつかっております

二重敬語・過剰敬語はNG

「おっしゃる」「言われる」は、どちらも尊敬語ですが、重ねることはできません。

NG表現	正しい表現
先ほどおっしゃられた件ですが	先ほどおっしゃった件でございますが 先ほどおっしゃいました件でございますが
お客様がお越しになられました	お客様がお越しになりました お客様がいらっしゃいました

日本語表現のNG

日本語として間違った表現です。

NG表現	正しい表現
とんでもございません	とんでもないことでございます
ご苦労様でございました	お疲れ様でございました
お名前を頂戴できますか	お名前をお聞かせいただけますでしょうか

接遇用語

相手に配慮したクッション言葉や接遇用語は、好印象であるだけでなく、心遣いを伝える大切なツールです。自然に使いこなせるよう基本的な知識を身につけましょう。

相手を思いやる前置きの言葉　～クッション言葉～

依頼や謝罪、お断りする際などに前置きの言葉を添えることで、表現が柔らかくなります。相手への配慮を表すクッション言葉を活用しましょう。

場　面	クッション言葉
断る時	恐れ入りますが、恐縮でございますが
依頼する時	もしよろしければ、差し支えなければ お手数でございますが、ご面倒ですが
尋ねる時（情報など）	失礼ですが
残念な気持ちを伝える時	あいにくでございますが せっかくでございますが
帰ってほしい時	申し訳ございませんが お引き取り願えませんでしょうか
忙しいと伝える時	あいにく立て込んでおりまして

記述問題に取り組む際は、必ず「前置きのクッション言葉」を添えるようにしましょう。

接遇用語一覧

普通の表現を接遇用語に変えることで、言葉や表現が洗練され好印象を与えます。記述問題にも多く出題されますので、おさえておきましょう。

普通の表現	接遇用語
私、私たち	わたくし、わたくしども
私の会社	弊社、当社、小社
あなたの会社	御社(口語)、貴社(文語)
今日	本日
昨日／おととい／明日／あさって	さくじつ／一昨日／みょうにち／明後日
今年／去年	本年／昨年
今	ただいま
後で	後ほど
この間	先日
さっき	先ほど
ちょっと、少し	少々
ここ(こっち)／そこ(そっち)	こちら／そちら
この人	こちらの方、こちら様
同伴者	お連れ様、ご同行の方
誰ですか	どちら様でしょうか、どなた様でしょうか
私たちの誰を	私どものどの者を
どんな、何の	どのような
どうでしょうか	いかがでしょうか
何でも	何なりと
用事、用	ご用件、ご用向き
ミス、間違い	不手際
～くらい	～ほど
とても	大変、非常に、誠に
できません、分かりません	いたしかねます、分かりかねます
分かりました	かしこまりました、承知いたしました
そうです	さようでございます
～と思います	～と存じます

マナー・接遇①

Lesson 4

話し方・聞き方

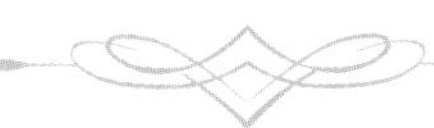

上司とのコミュニケーションは上司を補佐する上で重要です。多忙な上司を煩わせないように配慮しながらも、必要なことを伝える話し方・聞き方を身につけましょう。

秘書としての話し方

- 専門用語は、理解しやすい表現や言葉に変えて分かりやすく話す
- 事実を要点や趣旨をおさえて、分かりやすく話す。5W3Hを活用する
- 抽象的な表現は避け、具体的な表現(数字や例など)を使って話す
- お客様や取引先の方など外部の方には、丁寧で改まった口調を心がける
- 同僚や立場の近い先輩などとの雑談の際は、ある程度親しみやすい話し方をする
- 親しい間柄や同じ部署などであっても、なれなれしい話し方はしない
- 距離を縮めるために、プライベートな話をすることや聞くことは不要
- 明るく感じよく、話のスピードや発音など聞きやすさを心がけて話す
- 相手の話が本題からそれた際は、自分からさりげなく元に戻すよう心がける
- 話の途中で相手の表情や態度が曇ったら、話題を変えるようにする

Point

オンラインでのやり取りがある場合は、画面越しで伝わりにくいことも多いです。そのため、より分かりやすい話し方や感じのよい表情が求められます。

5W3H

物事を正確に伝えるためのフレームワーク「５Ｗ３H」を活用しましょう。もれなくダブりなく必要なことを確認する際に有効です。

What	何を、何が	Why	なぜ、何のために
Who	誰に、誰が	How	どのように
When	いつ、いつまでに	How many	いくつ
Where	どこに、どこで	How long	どのくらい

秘書としての聞き方

普通の表現を接遇用語に変えることで、言葉や表現が洗練され好印象を与えます。記述問題にも多く出題されますので、おさえておきましょう。

- 一度聞いたことのある話でも、聞いたことがあるがなど確認は不要
- 不明な点は、途中でさえぎらず最後まで話を聞いてから、質問する
- 相手の声が小さく聞き取れない時は、途中であってもすぐに伝える
- 相手を不快にさせたと気づいたら、すぐに謝罪する
- あいづちを打ったり、うなずいたりしながら話を聞く
- あいづちや言葉遣いは、相手との人間関係により変える
- 自分の勝手な解釈をせず、相手の話をそのまま素直に聞く
- 相手の話と違う意見でも、まずは相手の話を肯定的に聞く
- 相手の話に集中し、使われる言葉やキーワードなどを見つけ、正確に把握する
- 相手の言葉以外(表情・声の調子・態度など)からも、気持ちをくみ取るようにする

指示の受け方・指示の遂行の仕方

- 上司に呼ばれたら「はい」と返事をし、メモと筆記具を持ち上司の席まで行く
- 指示を受ける時はメモを取る(5W3Hを意識する)
- 指示は最後まで聞き質問は最後に行う
- 指示を受けたら復唱する
- 指示を受けたら期限を守り実施する
- 質問があれば後にせず、指示した上司に確認する
- 指示された仕事が完了したら、指示した上司に報告する
- 指示された仕事が長引く場合は中間報告を入れる
- 指示された仕事が期日に間に合わない場合は、すみやかに上司に報告し指示を仰ぐ

忠告・注意の受け方

- 素直な気持ちで聞き、受け止める
- 最後まで相手の話を聞く
- 感情的にならず、冷静に言い訳せずに注意を受ける
- 相手のミスである場合もまずは素直に聞き謝罪する
- 自分の思いや言いたいことがあってもまずは素直に謝罪する
- 誰に言われたのかではなく「何を言われたのか」を考える
- 注意されたことを繰り返さないよう記録しておき、次の仕事に活かす

次は秘書Aが、会話をする時に意識していることである。中から不適当と思われるものを一つ選びなさい。

1）話の内容を相手にしっかりと伝えるために、時にはジェスチャーなども交えて話すようにしている。
2）話が長くなりそうな時は、相手の都合を確認してから話すようにしている。
3）上司からざっくばらんに話し掛けられても、同じ調子では返答をしないようにしている。
4）冷静に話すために、自分のペースで話し、聞き手のあいづちに左右されないようにしている。
5）同僚とプライベートの話などをする時は、丁寧に話すよりも気さくな話し方をするようにしている。

解答・解説　　**正解：4**

話し手は聞き手が話に同調しているかを意識して話すのがよい。従って冷静に話すためであっても、あいづちに左右されずに自分のペースで話すなどは不適当である。

マナー・接遇①

報告・説明の仕方

仕事の指示を受けたら、報告して初めて仕事が完了します。簡潔に、必要なことを伝える報告のルールや、分かりやすく説明する方法をおさえておきましょう。

上司への情報の伝え方

・正確に伝達する
　日時・場所・数量・固有名詞などは正確に伝える
・分かりやすく伝達する
　曖昧な表現は避け、結論から理由、経過の順に簡潔に伝える
・伝える態度を意識する
　前傾姿勢を意識しアイコンタクトを取りながらハキハキと話す

上司の代理で伝達する際のポイント

・秘書のイメージは上司の信頼に直結することを踏まえ、謙虚な態度で丁寧な言葉遣いで伝える
・相手の立場と上司の関係性を理解し、正しい言葉遣いや適切な敬語表現を心がける
・上司から指示を受けた内容を正確に相手に伝える。自分の判断や解釈を加えない。

報告の仕方

忙しい上司を煩わせないよう簡潔に要点をおさえ、結論から報告します。

・指示された仕事が終わったら、すみやかに報告する
・結論を先に報告し、経過や理由は後にする
・時間がない場合は、報告のみを先に行い、経過や理由は改めて伝える
・事前に報告内容をしっかりと把握しておく
・事実だけを報告する。自分の意見は、求められたら話す
・重要度、緊急度の高いものから優先的に報告する
・例を示し、分かりやすいよう具体的に話す
・複数の報告がある時は、件数とテーマを伝え、上司に優先順位を決めてもらう

報告する際は「ご報告したいことがございますが、ただいまよろしいでしょうか」と都合を伺ってから報告します。
※準1級の面接でも出題されます。

YTT方式

報告内容のまとめ方「YTT方式」を活用します。

Yesterday	過去(実績・経緯)
Today	現在(現状・問題点)
Tomorrow	未来(未来の予測・解決策)

説明の仕方

分かりやすい説明のために大切なことは、資料や内容などの準備、そして伝える順序です。相手の状況に合わせて最適な方法で説明しましょう。

- 説明する内容の概略(アウトライン)を先に伝える
- 説明する数を伝える。　例:「お伝えしたいことは2つございます」
- 場合により、表やグラフ、図解を示しながら具体的に説明する
- 最後に、要点をもう一度繰り返す
- 上司への説明において、省略してよいこと、省略してはいけないことを区別する
- 「ここまでご不明な点等ございませんでしょうか」など、理解度を確認する

説明の順序

状況にふさわしい、分かりやすい説明の仕方を活用して相手に伝えます。

時系列	時間軸に沿って
空間的配列	空間や場所ごとに
既知 → 未知	知っていることから知らないことへ

重要度配列	重要度の高いものから低いものへ
因果関係	原因から結果へ

説明する時に「説明の専門性」「自分の主観」「仮説や推測」などは不要。説明には客観性を持たせることが大切です。

依頼の仕方

依頼前	依頼した内容をまとめておき簡潔に正確に伝える準備をする 日頃から周囲の方と良好な人間関係を築き、協力を得られるよう心がける
依頼する時	相手の立場と上司の関係性をわきまえ、誠実に熱意を持って依頼する 依頼の前に「お願いしたいことがございますが」と言葉を添える 具体的なやり方を伝え分かりやすく説明する
依頼後	引き受けてくれた方に感謝とお礼を伝える

上司に報告する際に気を付けることで不適当なものを選びなさい。

1）結論を先に報告し経過や理由は後にする。
2）複数報告がある時は、起きたことをしっかり伝えるためこと細かく順番に報告する。
3）事実だけを報告する。
4）「ただいまお時間よろしいでしょうか」と上司に確認してから報告する。
5）複数報告がある時は、件数とテーマを伝え、上司に優先順位を決めてもらう。

解答・解説　　正解：2

複数報告がある時は、重要度や緊急度を優先して報告する。

Lesson 6

苦情対応・断り方

苦情対応で重要なことは、最後まで相手の話を傾聴することです。また断る際は曖昧な表現を避け、誠実に対応できるようお詫びの表現も覚えておきましょう。

苦情対応

苦情対応は最後まで相手の話を傾聴することが重要です。誠意ある態度で最後までお話を伺います。

・相手の話を最後まで聞く。言い訳したり、話をさえぎったりしない
・あいづちを打ち、メモを取りながら丁寧に聞く
・お詫びをしながら「～ということでございますね」と、話の内容を要約したり繰り返したりしながら確認する
・感情的にならず、誠意を持って聞く
・相手の勘違いでも、まずは話を聞く
・説明や解決策の提案は、相手が冷静になってから穏やかに行う
・苦情は情報共有しておき、必要であれば各担当に引き継ぐ

苦情対応や断ることなどは、双方に心理的な負担を感じますが、期待があるからこそのリクエストだと捉え、最後まで誠意を持ち寄り添う気持ちで対応することが大切です。

説得の仕方

説得する際は相手の気持ちを考え、タイミングや場所などにも配慮します。

・タイミングよく話す機会をつくり、時期を逃さないようにする
・相手がリラックスできる雰囲気や環境づくりをする
・相手にとって信頼できる上司や知人を介したり、自分の代理を立てたりする
・条件や希望を聞き、協力する態勢や姿勢を伝える
・依頼の条件を緩和する（期限を延ばす／仕事や依頼の量を減らすなど）
・根拠やデータを示したり、可能性を伝えたりして不安を取り除く
・経験や実績を話して、アドバイスする

断り方

断る際は代替案をつける、理由を伝えるなど相手の方への配慮を心がけます。ただし、曖昧な断り方はNGです。丁寧にはっきりとお断りします。

- お詫びの言葉を添える
  「申し訳ございませんが、お受けいたしかねます」
  「ご期待に添えず、申し訳ございません」
  「せっかくの〜でございますが」など
- 相手に期待を持たせるような断り方はしない、曖昧な断り方をしない
  「検討しておきます」「一応聞いてみます」
  「今忙しいので」「担当ではないので」
- 理由を伝える
- 必要な場合は、代替案を伝える
- 強引なセールスなどには「お断りするよう○○(上司)から申しつかっておりますので、ご了承いただけますでしょうか」とはっきりと断る

電話応対

電話応対の基本的なルールとマナー、さまざまなケースの電話応対フレーズをおさえておきましょう。

電話の取り次ぎ方

1 名前・会社名・用件を確認する。
2 上司の「在・不在」は言わず、保留にする
3 上司に取り次ぐ
4 不在の場合は、不在を詫びて相手の意向を伺う（折り返し連絡／伝言を承るなど）
5 総復唱する「それでは○○様からのご伝言を確かに申し伝えます」など
6 最後に自分の名前を名乗る。相手が電話を切ったことを確認してから切る

・伝言メモは上司の机上に置きますが、上司が帰社した際に口頭でも報告します。
・伝言メモには相手の名前や名指し人、用件とともに、電話を受けた日時や自分の名前（◎◎受：内線1234番）などを記載しておきましょう。

間違いやすい電話応対フレーズ

NG表現（社外の人に対して）	正しい表現
今忙しいので後でかけ直します	○○はただいま取り込んでおりまして、後ほど改めておかけ直しいたしますがいかがでしょうか。
私には分かりません	私には分かりかねますので、担当の者におつなぎいたします。
今、席にいません	ただいま席を外しております。
今、電話中です	ただいま他の電話に出ております。
お名前を頂戴できますか	恐れ入りますがお名前をお聞かせいただけますでしょうか。
伝言は確かにお伝えいたします	ご伝言は確かに申し伝えます。

ケース別の応対方法

さまざまなケースの取り次ぎ方や受け方を確認しておきましょう。

電話の相手が名乗らない時	「ご用件だけでもお聞かせ願えませんでしょうか」
相手が用件を言わない時	無理に聞くことはしない。
長く待たせてしまう時	中間報告を入れる。「少々お時間がかかりそうでございますので、こちらから改めてお電話させていただいてもよろしいでしょうか」
相手の声が聞き取りにくい時	「少々お電話が遠いようでございますが……」
間違い電話を受けた時	「こちらは○○会社でございます。お間違いではございませんでしょうか」と言い、こちらの電話番号を伝える。
伝言を頼まれた時	メモを取り、内容を復唱する。最後に自分の名前を名乗る。
上司の連絡先を聞かれた時	上司の連絡先を伝えない。相手の連絡先を聞いておき、こちらからかけると伝える。
上司の代理で 先方の上司を呼び出す時	電話を受けた先方の秘書などに、自分を名乗った後、先方の上司に取り次いでもらえるよう伝える。その間に自分の上司に代わる(直接先方の上司が出た場合は「お呼び立てして申し訳ございません」とお詫びしてから上司に代わる)。

電話応対では「復唱」が最も大切です。5W3Hでメモを取りながら復唱します。数字・固有名詞などには十分注意して、間違いがないか確認します。専門用語や同音異義語などは、補足・確認して伝えましょう。

秘書Aの上司(山本部長)が外出中にかかってきた取引先からの電話に、「上司は外出中」と伝えた後で言ったことである。次の中から不適当と思われるものを一つ選びなさい。

1)「よろしければ、担当者と代わりますが、いかがでしょうか」
2)「お急ぎのご用件でいらっしゃいますでしょうか」
3)「申し訳ございませんが、あらためてお電話を頂けますでしょうか」
4)「よろしければ、ご伝言を承りますがいかがでしょうか」
5)「山本が戻りましたら お電話するように申し伝えます」

解答・解説　　正解:3

かかってきた電話で本人が不在なら、こちらからかけ直すのがマナーである。3は相手にかけ直してもらうよう依頼しており不適当である。

来客応対

来客応対は秘書の重要な仕事です。上司に取り次ぐ際や不在時にも的確に誠実に対応することが求められます。落ち着いて、美しい立ち居振る舞いで、丁寧に対応することを心がけます。

来客応対の流れ

来客応対では「予約がある来客」「予約がない来客(不意の来客)」により、対応やご案内方法が違います。受付で確認すべきことも併せて覚えておきましょう。

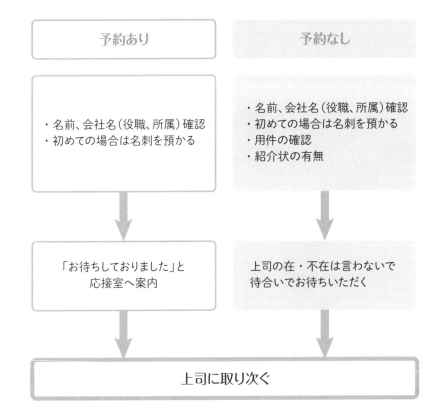

予約あり	予約なし
・名前、会社名(役職、所属)確認 ・初めての場合は名刺を預かる	・名前、会社名(役職、所属)確認 ・初めての場合は名刺を預かる ・用件の確認 ・紹介状の有無
↓	↓
「お待ちしておりました」と応接室へ案内	上司の在・不在は言わないで待合いでお待ちいただく
↓	↓

上司に取り次ぐ

紹介状を持つ来客への対応

・紹介状は開封してあるのが普通
・秘書は封筒から出して確認したり、コピーを取ったりすることはできない
・紹介者に電話で確認することもある
・上位の者が下位の者宛てに紹介する場合は、名刺の裏に簡易に書く場合もある
・事前連絡がある場合は「○○様からご連絡をいただき、お待ちしておりました」
・事前連絡がない場合は、紹介状を預かり、上司に取り次ぎ上司の指示を仰ぐ

美しい挨拶とお辞儀

最敬礼	普通礼	会　釈
45～60度	30度	15度
感謝の気持ちを伝える時	来客を迎える時	入退室の時
謝罪する時	来客を見送る時	すれ違う時
改まった場所での挨拶	初対面の挨拶	同僚への挨拶

上司が在席している際の来客対応

上司在席の場合でも、イレギュラーケースへの対応力が必要です。予約客が早く来られた、アポイントメントがない場合などのポイントをおさえておきましょう。

こんな時どうする?

予約客が来たが上司の姿が見えない時	応接室へご案内し、お茶を出す。すぐに上司を探すが、来客には上司の姿が見えないことは伏せておく。上司が見つかり次第、応接室へ行ってもらう。
来客が早く到着した時	応接室へご案内し、お茶を出しお待ちいただく。上司に来客の件を伝え指示を受ける。会議中の場合はメモで知らせる。
客が遅れて到着し、上司に次の予定が入っている時	「次の予定がございまして○分ほどしかお時間をお取りできませんがよろしいでしょうか」と伝える。

上司が会えない場合の「基本の3応対」

上司と会えない来客に対しての基本の3応対を覚えておきましょう。ポイントは必ず「～いかがでしょうか」という依頼形でお尋ねすること。こちらから一方的に決めることはNGです。

代理人が対応	「○○が代わりにお話を伺いますがいかがでしょうか」
伝言を承る	「ご伝言を承りますがいかがでしょうか」
確認し後ほど連絡する	「こちらからご連絡いたしますがいかがでしょうか」

予約客が来たが、上司の帰社が遅れている場合

予約をしているが、上司の帰社が遅れているなどの際は、お詫びとともに「その理由」が必要です。「基本の３応対」もおさえておきましょう。

不在を告げ理由を伝え、丁寧にお詫びをする
「お約束をいただいておりながら大変申し訳ございません」

↓

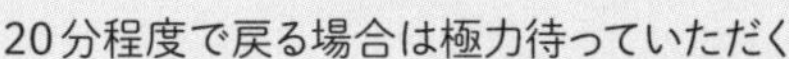
20分程度で戻る場合は極力待っていただく

↓

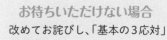

お待ちいただける場合
応接室へお通しし、会社のパンフレットや雑誌、お茶を出したりする。

お待ちいただけない場合
改めてお詫びし、「基本の3応対」で対応する。
※「基本の３応対」P111参照

上司不在の理由で「社長の入院」「工場の事故」「社内の緊急重要会議」などは、機密事項でもあるため、伏せておきます。「急用で」などと、取り急ぎ伝えておきます。

上司不在時の不意の来客応対

上司が不在で予約がない来客(不意の来客)に対しては、不在の理由を伝える必要はありませんが、代理人に対応を頼む、伝言を伺うなど丁寧に対応しましょう。

予約のない来客が来られた時

1 不在を告げる(理由は言わないでよい)
2 帰社予定時間が分かれば、伝える
3 来客の意向に沿って、「基本の3応対」で対応する

Point

上司の友人や恩師などは代理人が対応できないのでお帰りいただきます。
関係性を深く追求したり、「どちらの学校でしょうか」などと聞いたりするのはNGです。

転任・着任の挨拶

1 挨拶に返礼する
2 名刺を預かり、秘書として名乗る
3 代理人に挨拶してもらう(着任の場合は出直していただくこともある)

寄付・広告依頼の客

1 相手の話はきちんと聞き、丁寧に応対する
2 担当部門を紹介し、担当者に会ってもらう
3 相手の依頼に応えられないことを詫びつつ、はっきりと断る

「申し訳ございませんが、そのお申し出はお受けいたしかねますので、お引き取り願えないでしょうか」

Point

事前に上司とこのような場合の対処法を話し合っておきます。

次は秘書Aが、受付で行っていることである。中から不適当と思われるものを一つ選びなさい。

1）客が受付に向かって歩いてきたら、すぐに立ち上がって迎えている。
2）予約を取らずに来た客には、次回からは予約をしてもらうよう頼んでいる。
3）訪れた客が何人か重なった時、中によく知っている客がいても先に来た客から順番に応対している。
4）受付に来た客が名乗った後誰を訪ねてきたか言わない時は、こちらから聞いている。
5）初めて訪れる客には予約があっても名刺を受け取り、会社名と氏名を確認している。

解答・解説 **正解：2**

事情があって予約をせずに来訪したのかもしれない。その事情を知らない受付が、次回からは予約をしてもらいたいと頼むことは不適当である。

マナー・接遇①

Lesson 9

ご案内

来客へのご案内やお見送りの際は、来客におもてなしの気持ちを持ちながら相手に配慮した対応が求められます。美しい立ち居振る舞いも意識して好印象でお迎えしましょう。

ご案内の流れ

1 案内する場所を伝える
2 客の左側二、三歩斜め前を歩いて誘導
3 入室前にノックする
4 入室後は、客に上座を勧める
5「まもなく○○が参ります。少々お待ちくださいませ」と伝え、会釈し退室

ご案内の仕方

ご案内の際はお客様を安全に、スムーズに誘導することが大切です。ドアの開閉・エレベーターでのご案内の仕方をおさえておきましょう。

ドアの開閉の仕方

①ドアが外開きの場合
手前に引いて、
「どうぞお入りください」と
お客様に先にご入室いただく

②ドアが内開きの場合
「お先に失礼します」と先に入り
後からお客様にご入室いただく

エレベーターのご案内

① 中に人がいない場合
先に乗り込み操作盤の前に立ち
お客様に後からお入りいただく

② 中に人がいる場合
お客様に先に乗り込んでいただき
自分が後から乗り込む

階段のご案内

① 階段を上がる時
お客様が先に上がる
（来客が上になるように）

② 階段を降りる時
自分が先に降りる
（来客が上になるように）

お見送りの仕方

玄関先まで

一礼して姿が見えなくなるまでお辞儀をする。

エレベーターまで

エレベーター横の操作ボタンを押し、客が乗り込んだら挨拶し、ドアが閉まるまでお辞儀をする。

車まで

挨拶をした後、車が見えなくなるまで見送る。荷物が大きい場合は、乗り込まれる際にいったん預かり、乗り込まれたら改めてお返しする。

マナー・接遇①

Lesson 10

紹介・席次

来客応対の際など、紹介のマナーや席次のルールを理解しておきましょう。

紹介の仕方とルール

立場や役職により、どちらを先に紹介するかが変わります。複数の場合などもおさえておきましょう。

先に紹介	後から紹介
地位の低い人	地位の高い人
社員	来客
若い人	年上の人
自分の親しい人	あまり親しくない人
紹介してもらいたい人	紹介を受ける人
一人	大勢

席次のルール

入り口から一番遠い席が上座、入り口に近い席が下座です。ソファー(長椅子)が上座 → 肘掛けありソファー → 肘置きなし椅子 → スツール(一番下座)が席次のルールです。上位が分からない場合は席次で上位者を判断することもできます。

応接室

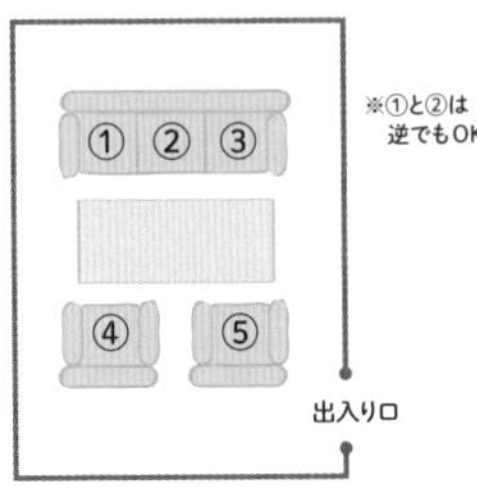

三人がけソファが上位席
社外の方＝三人がけソファ
社内の人＝一人がけソファ

会議室

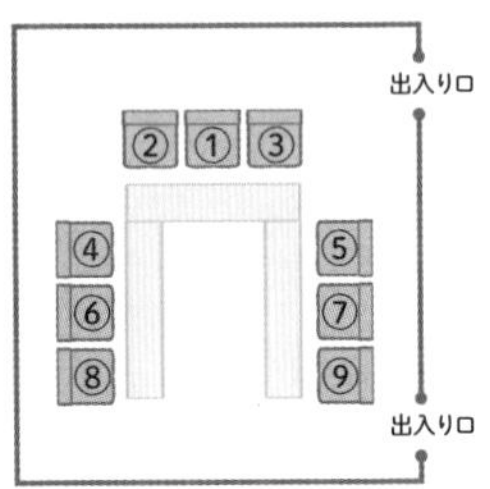

一番奥が上座で議長席
出入り口に近い方が下座

上司の執務室

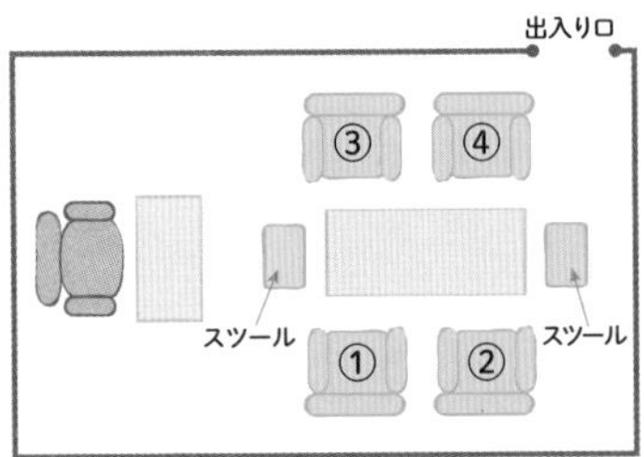

客が一名の時は①に客、③に上司
客が二名の時は①②に客、③に上司
客が三名の時は①②③に客、④に上司

和室

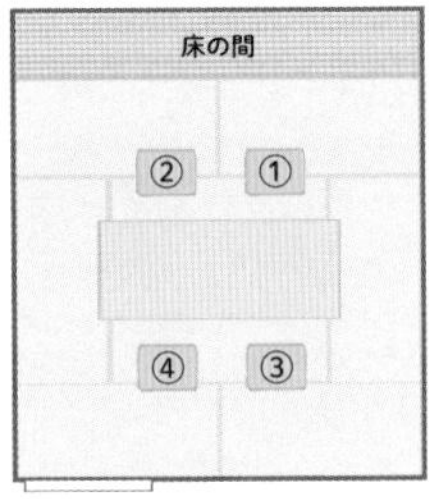

床の間を背にする①が上座
入り口に近い④が下座

タクシー

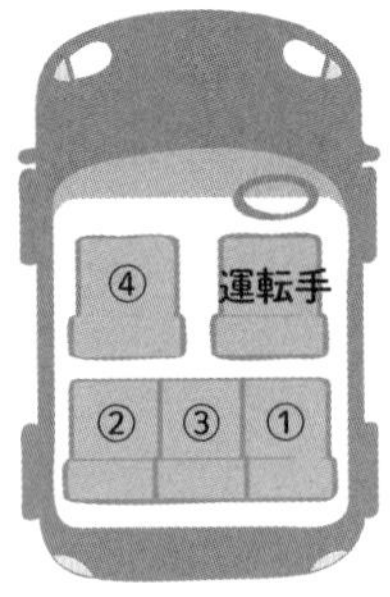

④の助手席に道案内や支払いをする最下位の人が座る
上司は①の上座に座る

自家用車

車の持ち主（上司または客）が運転する場合は、助手席①には同格の人が座る

飛行機・新幹線

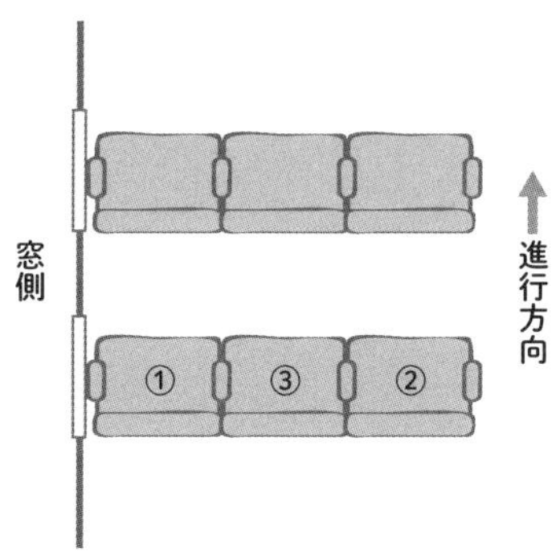

進行方向に向かった窓側が上座
通路側が下座

列　車

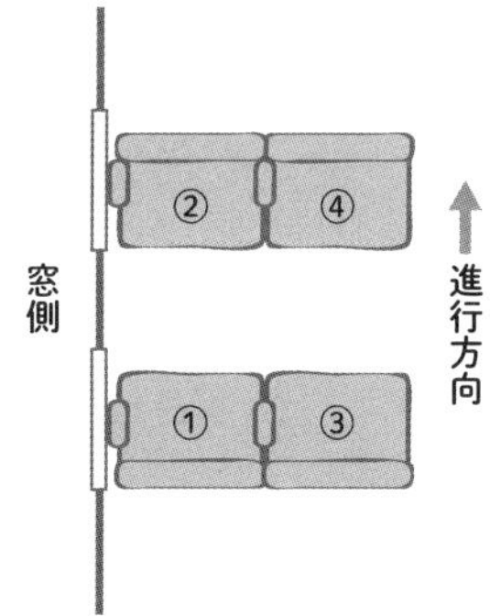

進行方向に向かった窓側が上座
通路側が下座

来客一名を応接室に案内する際、どの場所に座ってもらうのがよいか。図の中から適当なものを選びなさい。

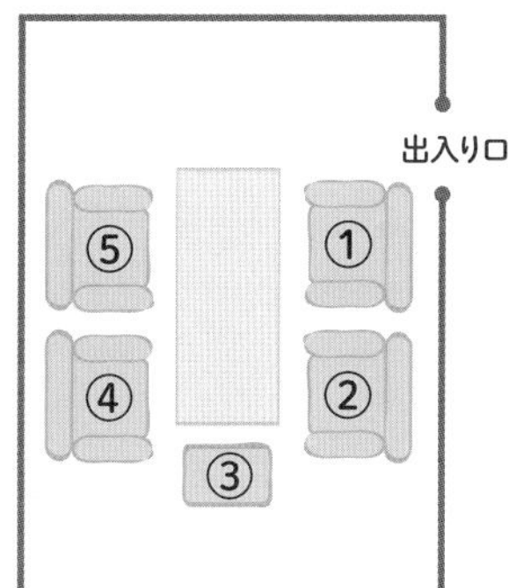

解答・解説　　**正解：4**

来客には上座を勧めなければいけない。一般的には入り口から一番遠い奥の席が上座になるので④が適当である。

マナー・接遇①

Lesson 11

茶菓接待

茶菓接待は秘書としてお客様への心を尽すおもてなしマナーです。ルールや茶器の扱い方などを理解しておきましょう。

茶菓接待の流れ

準　備

・お盆・布巾・茶たく・湯のみを準備
・茶たくの向きは木目が来客から見て横向きになるように置く
・日本茶は70℃七分目に注ぐ

入　室

・応接室にノックして入る。息がかからないよう、お盆はやや横に持つ
・会釈で挨拶する

セット

・サイドテーブルに置く
・糸底を布巾で軽くぬぐってから茶たくに両手で置く
※糸底とは湯のみの底の部分

サービス

・茶たくを持ち一人ずつサービスしていく
・湯のみの絵柄が来客から見て正面を向くように置く

退　室

・お盆と布巾を脇に抱え会釈してから退室する

茶菓接待のルール

名刺交換中や発言中に出す場合、お茶を入れ替える場合などのルールを覚えておきましょう。

名刺交換をされている時	名刺交換が終わるのを待って着席されたらお茶を出す。
会議などで発言されている時	お茶を出してもよい。声はかけないように。
奥まで届かない時	手前に座っている方に送っていただく。
出すスペースがない時	どちらに出せばよいかさりげなく尋ねる。
お茶とお菓子を出す場合	お菓子（左）→ お茶（右）の順番で出す。 ※客から見て
1時間ほど経った時	お茶が残っていてもいったん下げて新しいものに入れ替える。
来客と上司（部長）の分を持っていくと常務も同席していた場合	来客と常務に先に出し、上司（部長）には改めて準備しサービスする。

秘書Aの上司と親しくしている取引先の田中氏はAも顔なじみである。田中氏への対応の中から不適当と思われるものを一つ選びなさい。

1）田中氏のお茶はいつも濃いめで出しているので、田中氏には濃い目のお茶、上司には普通の濃さにした。
2）田中氏の好物の和菓子を用意していたので、お茶と一緒に持っていった。
3）「失礼します」と断って机の上に広がっていた書類を寄せて、お茶を置くスペースを作った。
4）田中氏が来た時は親しく会話したが、上司と仕事の話になったので、会釈して退室した。
5）特に上司からの指示がなくても、様子を見てお茶を入れ替えた。

解答・解説　　**正解：3**

「失礼します」と断ったとしても、お茶などを置くスペースを作るためにAが勝手に書類を寄せるなどは不適当。

Memo

〈実 技〉
6日目

Day 6

マナー・接遇②

マナー接遇の後半は、慶事・弔事・贈答・パーティーマナーなど、日々起こる業務ではないですが、日本文化や作法に触れる内容です。知っておかなければならない儀礼や作法を、イラストとともに視覚的に覚えましょう。フォーマルなシーンでスマートに立ち振る舞える秘書は素敵です。大人の接遇力と幅広い教養や作法を身につけておきましょう。

1日目の用語レッスンも併せて覚えましょう。

マナー・接遇②

慶事

慶事とはさまざまなお祝い事のこと。秘書としての対応や業務について理解しておきましょう。

慶事の業務

慶事の業務

- 祝賀行事
- 社屋落成式
- 創立記念式典
- 就任
- 結婚
- 叙勲(勲章を授けること)
- 賀寿(長寿のお祝い)

賀寿のお祝い

賀寿は頻出問題です。用語編ページを確認しておきましょう。

還暦	60歳	60年で、再び生まれた年の干支に還ること
古希	70歳	「古稀」とも書く。70歳まで生きるのは「古来稀なり」の句に由来
喜寿	77歳	「喜」の草書体「七が三つ」が「七十七」に見える
傘寿	80歳	「傘」の略字「仐」は「八十」に見える
米寿	88歳	「米」という文字は「八十八」に見える
卒寿	90歳	「卒」の略字「卆」は「九十」に見える
白寿	99歳	「百」という字から「一」を取って「白」に見える

慶事の案内を受け取ったら行うこと

招待状の返事を書く

- 出欠の返事は早く出す
- 返信はがきには、お祝いのひと言を添える
- 「御芳名」は「御芳」までを消す

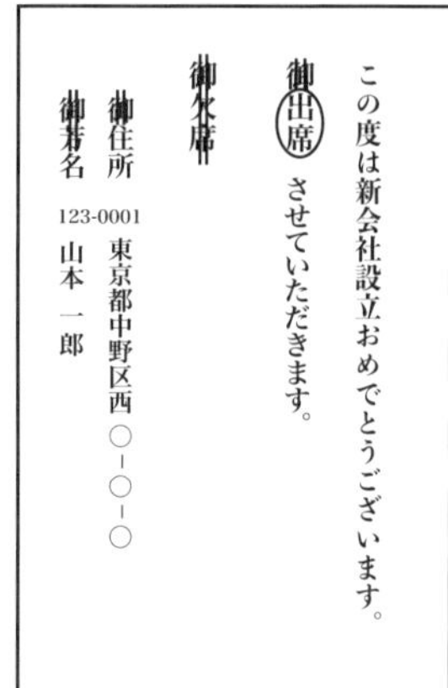
この度は新会社設立おめでとうございます。
御出席 させていただきます。
御欠席
御住所 東京都中野区西〇−〇−〇
御芳名 123-0001 山本 一郎

お祝いの品を贈る

- 前例を参考にしながら品物をリストアップし、上司に確認して手配する
- 届ける日と時間帯は、吉日の午前中がよい

上司の代理で出席する場合

- 改まった服装で出席する
- 礼儀正しい態度や振る舞い、言葉遣いをする

祝電を打つ

- 配達日指定にして送る
- 電文作成では忌み言葉(「別れる」「離れる」「薄れる」など縁起の悪い言葉)を避ける
- 差出人は会社名、上司名どちらかを確認する

〈電文例〉
「古希のお祝いを申し上げます。ますますのご健勝をお祈りいたします」
「ご結婚おめでとうございます。心よりお慶び申し上げます」

パーティー

秘書は社内社外のパーティーでお客様へ対応することや受付をすること、また参列することなどがあります。服装のマナーや出席時のマナーを理解しておきましょう。

パーティーの種類

ディナー・パーティー	格式の高い集まりの晩餐会。食事はフルコース。服装や席次の指定がある。
ランチョン・パーティー	正午から午後2時頃までの昼食会。着席スタイル。
カクテル・パーティー	午後5時以降1～2時間ほどのアルコールメインの立食スタイル。出入り自由。
ビュッフェ・パーティー	飲み物と簡単なオードブル程度の立食スタイル。

パーティーマナー

・会場内では、クラッチバッグ（小さなバッグ）などを持つ
・大きいバッグや荷物は、クロークに預ける
・上司の代理の場合、芳名録には上司の名前を書き、下に（代）と記載する
・入場する前、前室でのウェルカムドリンクは飲んでよい
・立食形式の場合は、椅子は休むためのもの。長く座らない
・料理は盛り過ぎないで、一皿３品程度にし、皿の中心に取る
・立食パーティーでは、遅れて入場する際も出入り自由
・途中で退席する場合も、主催者への挨拶は不要

慶事・パーティーの服装

パーティーに参加する場合と、秘書として上司主催のパーティーの受付をする場合の違いを理解しておきましょう。

	正 式	略 式
男性	昼：モーニング、紋付羽織袴 夜：燕尾服、タキシード	ブラックスーツ、ダークスーツ
女性	昼：アフタヌーンドレス、 振り袖（未婚）、留め袖（既婚） 夜：イブニングドレス	イブニングドレス、 カクテルドレス、スーツ

招待状に「平服で」とある場合、男性はダークスーツ、女性は改まったワンピースやスーツで参加します。秘書として受付をする場合は、スーツにアクセサリーやコサージュで華やかさを工夫し、それらを外せば仕事に戻れる服装にします。

女性略式

昼：ワンピース、ツーピース
肌を露出させない
夜：イブニングドレス、スーツ
アクセサリーやコサージュで華やかさを工夫

男性略式

ブラックスーツ、
ダークスーツ

次は営業部長秘書Aが、会社の創立記念式典で受付をした時の行動である。中から不適当と思われるものを一つ選びなさい。

1）記念式典という祝う場所なので、パーティードレスを着用して受付をした。
2）受付に来た際に大きな荷物やコートを持っている客にはクロークを案内した。
3）遅れて来た客には、始まっているのでと言って会場の中まで一緒に行き、案内した。
4）胸章をつけてもらうように出席者に渡すが、お年を召した人には「お着けしてよろしいでしょうか」と言って左胸に付けた。
5）祝い金を持ってこられた客には、この創立記念式典ではお祝いはもらわないことになっていると伝え、断った。

解答・解説　　**正解：1**

受付をする場合は、スーツにコサージュを着ける。祝う場所でも受付が華やかになり過ぎないようにしなければならない。

Lesson 3

弔事

弔事とは、葬儀、告別式などのお悔やみ事のこと。訃報を受けた際の対応から服装、上司の代わりに参列するマナーなどを覚えておきましょう。

訃報を受けたらすること

訃報を受けたら、まずは次のことを調べ、関係者に連絡します。新聞の葬儀を告知する黒枠広告は、毎朝目を通しておきます。

1 逝去の日時
2 葬儀の形式（宗教など）
3 通夜・葬儀・告別式の日時、場所
4 死因や経緯
5 喪主の名前、故人との関係、連絡先

「通夜」は、家族や故人と関係が深い人が最後の夜を過ごす儀式。
「葬儀」は、遺族が故人の冥福を祈る宗教的な儀式。
「告別式」は、故人との別れを偲ぶ社会的な儀式。

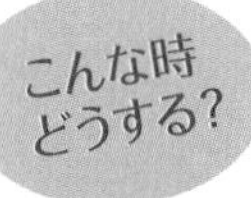

参列できない場合	・会社名で弔電を打つ ・「○○様のご逝去を悼み謹んでお悔やみ申し上げます」（ご冥福をお祈り申し上げます）
上司の代理で参列する場合	・「この度はご愁傷さまでございました」と香典を渡す ・記帳する際は上司名の下に（代）と書く
受付をする場合	・喪服を着用しリボンをつけて受付であることを示す ・親しい人との挨拶は黙礼にとどめる

香典は袱紗（ふくさ）という小さな布で包むのがマナーです。

弔事の服装

「喪に服す」という意味の喪服。通夜の場合は、急ぎ駆けつけることから地味なものであれば喪服でなくてもかまいません。光沢のあるバッグや靴を避け、メイクも控えめにします。

女性

〈服装〉
ブラックワンピース
ブラックスーツ
黒ストッキング

〈アクセサリー〉
一連のパールネックレス

〈靴・バッグ〉
光沢のない黒靴
黒バッグ

男性

ブラックスーツ
黒ネクタイ
黒靴下

- 通夜の際は、男性はダークスーツ、女性は喪服でなくても地味なワンピース・スーツでもOK。ストッキングもベージュでもかまいません。
- 二連のパールネックレスは「悲しみを重ねる」、ロングのパールネックレスは「悲しみを長引かせる」を意味するため避け、一連のパールネックレスを身につけます（つけなくてもよい）。

Lesson 4

葬儀の作法

弔事では、宗教(仏式・神式・キリスト教式・無宗教)による作法の違い、また用語についても確実に暗記しておきましょう。

仏式 「焼香(しょうこう)」	1 遺族、僧侶に一礼し祭壇に一礼する 2 香を親指・人差し指・中指の三本でつまみ、目の高さに押しいただいて、香炉にくべる 3 遺影に向かい、合掌して一礼する 4 遺族と僧侶に一礼する	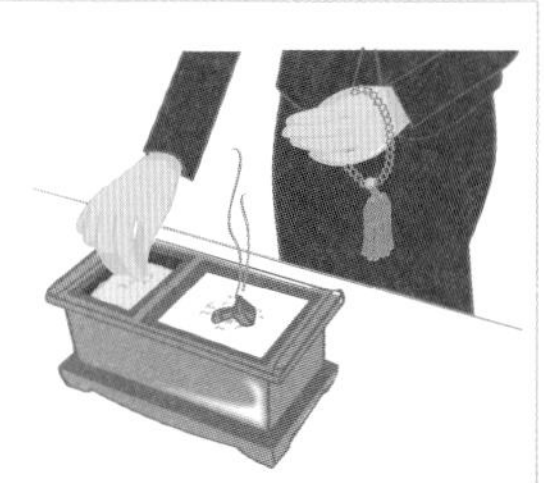
神式 「玉串奉奠(たまぐしほうてん)」※	1 神官から玉串を枝は左手で下から、根は右手で受け取り神前に進む 2 台(玉串案)の前で一礼する 3 玉串を右回りに90度回し、葉を自分の方に向けて供える 4 二礼二拍手一礼する(音を立てない忍び手(しのびて)) 5 遺族と神官に一礼する	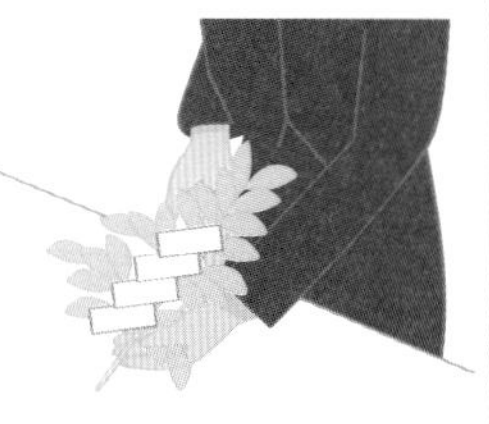
キリスト教式 「献花(けんか)」	1 教会入り口で花が右、茎が左になるよう受け取り献花台へ進む 2 一礼して花を時計回りに回し花を手前にして献花台に置く 3 黙禱し祭壇に一礼する	

※玉串奉奠は祝い事や地域の祭礼でも行われます。

二礼二拍手一礼

弔事の場合は「忍び手(音を立てない拍手)」をしますが、慶事の場合は「柏手(かしわで)(音を立てる拍手)」をします。

弔事用語

弔事用語は頻出問題です。確実に暗記しておきましょう。

会葬	葬儀に参列すること
喪主	葬儀を行う際の主催者
喪中	亡くなった人の身内が死を悼み喪に服す期間
社葬	会社の役職者や功績のあった人の葬儀を会社負担で行うこと
葬儀委員長	社葬など規模の大きな葬儀で、喪主とは別に葬儀を取り仕切る人
密葬	身内だけで行う葬儀
国葬	国に功労があった人の国家儀式として行われる葬儀
逝去	人が亡くなること
弔辞	葬儀で故人を惜しんで述べる慰めの言葉
弔問	遺族にお悔やみを述べるために訪問し、死者の霊に挨拶すること
喪章	死を悼む気持ちを表す黒いリボンや布
弔電	お悔やみの電報
香典返し	受け取った香典に対する返礼
初七日	死後7日目。その時に行う法要
四十九日	命日から数えて49日目。仏教では「忌明け」と呼ぶ
法要	故人の冥福を祈る行事
一周忌	亡くなって満1年。その時行う法要
三回忌	亡くなって満2年。その時行う法要
七回忌	亡くなって満6年。その時行う法要
十三回忌	亡くなって満12年。その時行う法要
忌明け	喪に服す期間（四十九日）が終わること
お布施	葬儀や法要で僧侶に渡すお礼
通夜振る舞い	通夜の弔問客への食事のもてなし
精進落とし	遺族が葬儀の後に会葬者や僧侶を労うための食事のもてなし

次は弔事に関する説明の組み合わせである。中から**不適当**と思われるものを一つ選びなさい。

1）会葬＝葬儀に参列すること
2）喪章＝死を悼む気持ちを表す黒いリボンや布のこと
3）社葬＝会社の役職者など功績のあった人の葬儀を会社負担で行うこと
4）喪中＝葬儀が始まってから終わるまでの時間のこと
5）弔問＝遺族にお悔やみを述べるために訪問し、死者の霊に挨拶すること

解答・解説　　**正解：4**

「喪中」とは、亡くなった人の身内が死を悼み喪に服す一定の期間のことである。

マナー・接遇②

贈答

秘書はさまざまな贈答の準備などを行います。日本の作法を理解し、それに準じた表書きのマナーなどを確実に覚えておきましょう。

現金を贈る時のマナー

水引とのし

・水引：紅白や白黒などのひも
・のし：右上にある飾り
・のしは慶事のみに使う

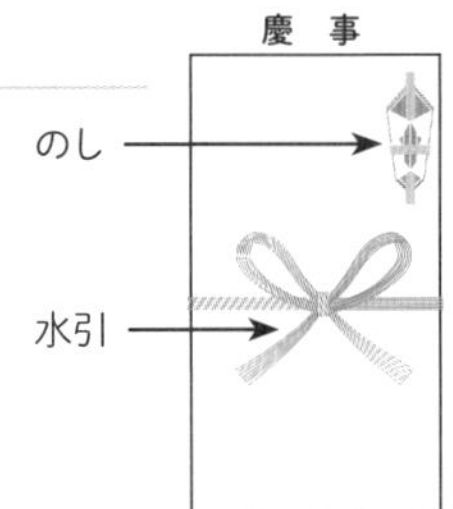

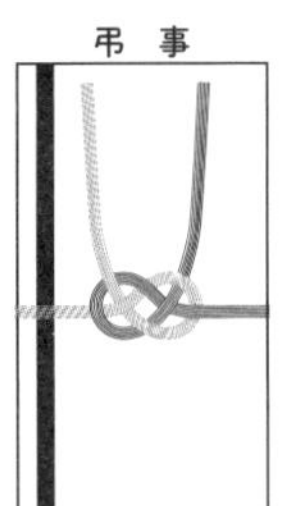

のし袋の裏折り返し

・祝儀では上包の下を上にかぶせる
（喜びが落ちないようにという意）
・不祝儀では上包の上を下にかぶせる
（悲しみが落ちていくようにという意）

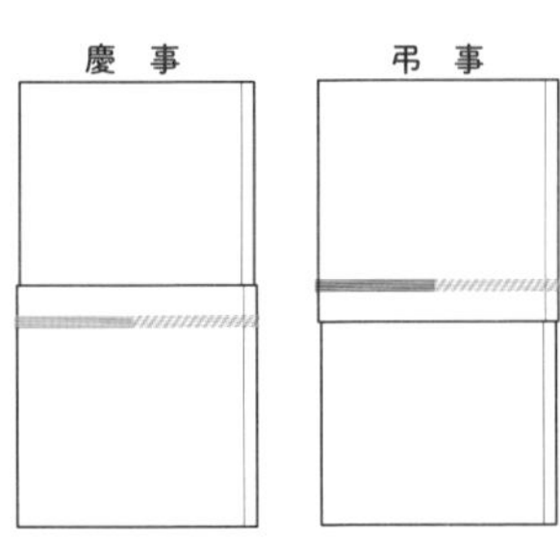

現金の包み方

・中包み面には金額を、裏には住所と名前を書く
・慶事は新札を入れる
・弔事は新札でなくでもよいが、汚れたお札はNG

祝い事の表書きは「（濃い）墨色」で、弔事の表書きは「涙で墨が薄まった」を意味する「薄墨色」で書きます。

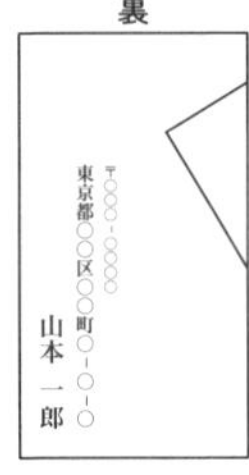

水引と結び方

慶事では、結婚のお祝いは結び切り（またはあわじ結び）ですが、それ以外は蝶結びにします。弔事の場合は全て結び切り（あわじ結び）を使います。

慶事		
結婚祝い 結婚など一度だけが好ましい祝い事		祝い事全般 何度あってもよい祝い事
あわじ結び	結び切り	蝶結び
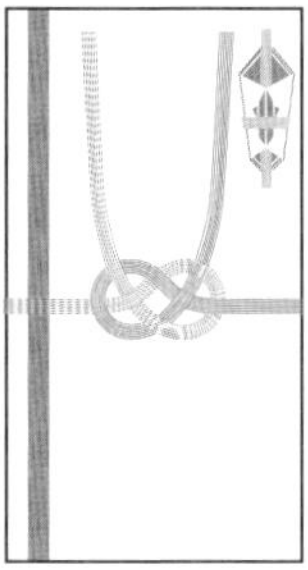	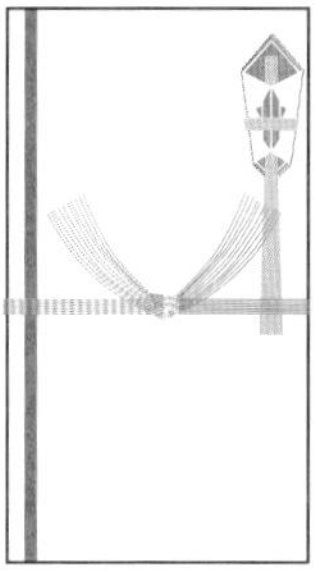	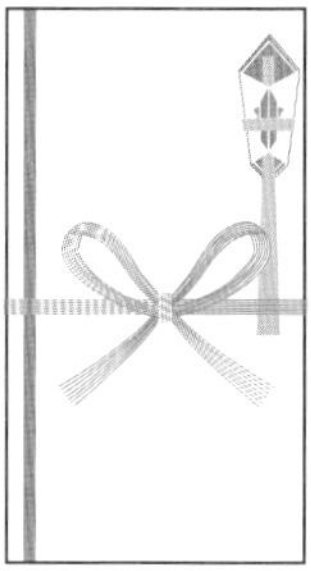

弔事	お見舞い	
	一般	病気が重い場合や 自然災害
あわじ結び または結び切り のしはなし	結び切り のしはなし 水引なしでも可能	白封筒
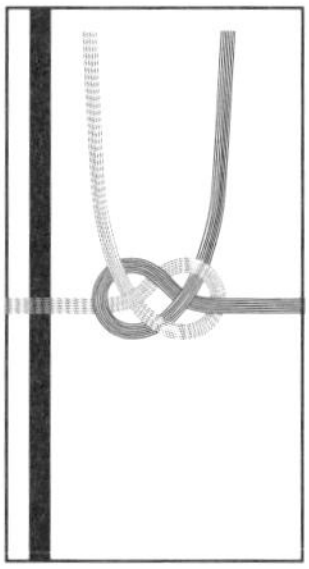	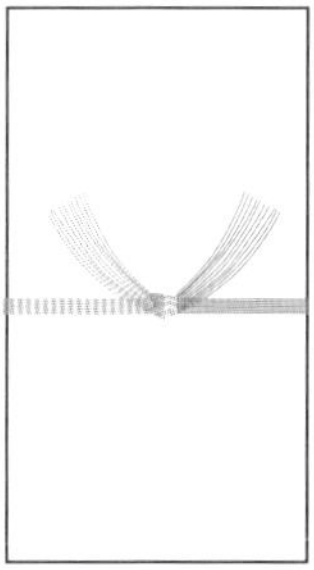	 御見舞

記名の仕方

連名で贈る場合の書き方や、会社名を入れる場合、略式の場合など覚えておきましょう。

3名までの連名の場合	連名 左に宛名がある場合	4名以上の連名の場合
右から順に 目上の人から記名する ※山本さんが上位	左上に宛名を書く場合は目上の人を左から順に記名 ※山本さんが上位	他一同（外一同）と書き、全員の名前を書いた別紙を中包に入れる
寿 山本一郎 中田真 川上浩 ←目上（上位者）	寿 松井慎様 川上浩 中田真 山本一郎 目上（上位者）→	御祝 山本一郎 他一同

会社で出す場合	部署で出す場合	名刺を貼る場合
（株）と略さず、株式会社と書く。肩書きは名前の上にやや小さく書く	所属名（総務課一同）などと書く	略式 左下に名刺を貼る
御祝 株式会社ABC 専務取締役 高橋亮	御祝 総務課一同	御祝 ○○会社 ○○部長 川上浩

慶事の表書き

贈答の表書きは頻出問題です。それぞれの用途と表書き、返礼まで覚えましょう。慶事の場合「のし」をつけます。

用途	表書き	返礼	水引・のし
結 婚	寿・御祝・祝御結婚	内祝	寿 山本一郎
出 産	祝御出産・御出産御祝	内祝・出産内祝	
入学・就職	祝御入学・祝御就職	内祝	
賀 寿	祝○寿・寿・○寿御祝	寿・○寿内祝	
家の棟上げ	上棟祝	内祝・上棟内祝	
家の新築	御落成祝・新築御祝	内祝・新築内祝	
一般の慶事	御 祝	内祝	
選挙事務所への差入れ	陣中御見舞	不要	慶 事
得意先の社員旅行など	御酒肴料（ごしゅこうりょう）		
祝い事での心付け	御祝儀		
目下の人への謝礼	寸志		
一般のお礼	謝礼・薄謝		
手土産・景品など	粗品		
交通費	御車料・御車代		
転勤・栄転・送別	御餞別・記念品		
地域の祭礼への寄付	御奉納		

弔事の表書き

葬儀の形式による表書きの違いは、頻出問題です。それぞれの用途と表書き、返礼まで覚えましょう。弔事の場合「のし」はなく、水引は「結び切り」です。

用途	表書き	返礼	水引・のし
仏式	御香典 御香料 御霊前	志・忌明	御香典
神式	御玉串料 御榊料 御霊前	志	御玉串料
キリスト教式	御花料（プロテスタント） 御ミサ料（カトリック） 御霊前	志	御花料
法要	御香料・御仏前	志・粗供養	
僧侶へのお礼 （葬儀・法要）	御布施	不要	御布施
お礼 （神式・キリスト教式）	御礼	不要	

Point

「御霊前」は無宗教や宗教が分からない時の表書きに使うことができます。

お見舞いの表書き

入院されている方へのお見舞いは、結び切りの水引ですが、病気が重い場合の現金のお見舞いは無地の白封筒にします。

用 途	表書き	返 礼	水引・のし
病気見舞い	御見舞	快気内祝 祝御全快祝 内祝	御見舞 御見舞
災害のお見舞い 類焼のお見舞い 近所の出火見舞い	災害御見舞 類焼御見舞 近火御見舞	不要	災害御見舞

・上司の退院後の返礼は、家族の方がされますが、秘書が代行する場合もあります。
・災害見舞いは、大変な状況を鑑みて返礼は不要です。白封筒で送ります。

季節の贈答

季節の贈答「中元」「歳暮」は、感謝の気持ちを表す贈答なので、喪中でも送ることができます。地域により違いがありますが、基本をおさえておきましょう。

中 元	7/1～7/15	・中元、歳暮は喪中でも贈ってよい ・返礼は不要だが、贈答する場合の表書きは「粗品」とする ・歳暮は、中元よりやや高額なものを選ぶ ・中元、歳暮の礼状は上司に確認せず、すぐに出す
暑中御見舞	7/16～8/8（立秋）	
残暑御見舞	8/9～8月末 （9月初め）	
歳 暮	12/1～12/20	
年 賀	1/1～1/7（松の内）	
寒中御見舞	1/16～2/4（立春）	

12月21日～31日の贈り物は「寒中見舞い」、立春を過ぎたら「余寒見舞い」と言います。「松の内」とは、お正月に飾る松飾り（門松）を立てておく期間のことで、元旦から1月7日までを言います。

葬儀の形式が分からない場合、香典袋はどのような上書きのものを用意すればよいか。次の中から適当と思われるものを一つ選びなさい。

1）御霊前
2）御玉串料
3）御榊料
4）御仏前
5）御花料

解答・解説 **正解：1**

葬儀の形式が分からない時は、どの宗教にも使える「御霊前」が一般的とされている。「御玉串料」「御榊料」は神式、「御花料」はキリスト教式の葬儀で使う。また「御仏前」は仏式の法要などで用いられる上書きである。

マナー・接遇②

Lesson 6

お見舞い

秘書としてお見舞いに伺う際のマナーやお見舞い品のポイントを理解しておきましょう。

お見舞いの心得とルール

お見舞いの前に行うこと

- お見舞いに伺いたい旨をご家族に連絡する
- 面会時間を確認する
- 面会時間は午後が多く、食事時、回診時、夜間は避ける
- 服装は華美にならず、香水など香りのきついものは避ける
- お見舞い品を準備する

お見舞い先でのマナー

- 長居せず30分程度までにする
- 同室の方がいたら挨拶する
- 上司からの伝言などを告げる
- 入院している本人の伝言を聞く

お見舞いから帰ったら行うこと

- 預かった伝言を上司に伝える
- 上司が入院した際は、お見舞い返しをする（家族がする場合を除く）
- 病気見舞いのお返しは、「快気内祝」「祝御全快」「内祝」など

Point

上司が退院した際に、お見舞いのお返しをするのはご家族であることが多いですが、秘書に依頼された場合は対応します。

お見舞い品

お見舞いに適している品

・焼き菓子など（食べ物制限がない場合）
・お花（花束・アレンジメント）
・ブランケットなど
・パジャマやガウン（病院指定の場合はNG）
・雑誌

お見舞いに適さない品

・目上の人への現金
・色や香りの強い花
・鉢植えの花（「寝付く（根がつく）」を想像させる）
・シクラメン（死・苦を想像させる）
・紫陽花（色褪せる）
・白い花、菊（葬儀を想像させる）
・椿（花が落ちる）

Point 秘書は上司、また部内を取りまとめたお見舞い品とともに、自分自身もお見舞いの品を持参してもかまいません。

次は秘書Aがお見舞いや贈り物をする際に心がけていることである。中から<u>不適当</u>と思われるものを選びなさい。

1）お見舞いで花を持っていく時は香りが強くない、そのまま飾れるアレンジメントにしている。
2）喪中の時でも、中元や歳暮を贈るようにしている。
3）上司宛てに届いた中元や歳暮は礼状を書いた方がよいか、上司に確認してから書いている。
4）お見舞いに行く際は、面会時間を確認し、長居しないようにする。
5）上司が入院し、お見舞いに行く際は、預かった伝言を上司に伝える。

解答・解説　　正解：3

上司に届いた中元や歳暮は指示がなくてもすぐに礼状を書くようにする。

Column4

上司を美しく補佐する
「自立美人」のルール

仕事ができる人の共通点
「自己基盤を整える」

仕事ができる人、信頼されている人は素敵ですね。でもそれは、特別な人ではなく「自己基盤」が整っている人です。自己基盤とは自分の生活スタイルや健康、人間関係やお金の管理など、社会人なら誰もが自分で取り組むべき自己管理です。仕事のスキルを高める前に、まずは身の回りの整理整頓や、規則正しい生活、計画的なお金の使い方ができているかなどを見直してみましょう。そして、いつでも相談できるあたたかい人間関係があることが大切です。生活が整っているとエネルギーがあふれ、自分という人間の「基盤」つまり根っこができるのです。美しい花を咲かせるために、あなたの自己基盤を整えることから始めてくださいね。

Memo

〈実 技〉
7日目

技能①

会議・ビジネス文書の知識は、上司を補佐する上で毎日のように携わるものばかりです。外部の方を招いての会議や、社外文書、社交文書などは、社外への印象や信頼に直結します。秘書の正しい知識や教養が問われる分野です。慣用句や時候の挨拶など、丁寧に漢字表記も暗記しておきましょう。

1日目の用語レッスンも併せて覚えましょう。

技能①

Lesson 1

会議

秘書は会議に関するさまざまな準備や会議後の議事録作成まで会議がスムーズに運ぶよう手配します。

会議の形式

会議の種類・会議形式から会議に関する用語まで、記述問題にも対応できるよう丁寧に覚えておきましょう。

円卓会議	形式にこだわることなく、テーブルを丸く囲んで自由に話し合う。 自由討議。
シンポジウム	専門家があるテーマについて意見を述べ、聴衆からの質疑を受ける形式で討論する。
バズ・セッション	少人数のグループに分かれて話し合い、代表者が発表し合う。
フォーラム	公開討論会。参加者は質疑応答や意見交換をする。
ブレーン・ストーミング	自由にアイディアを出し合うが、人の意見を批判しない。
パネル・ディスカッション	意見が異なるパネリストが聴衆の前で討論する。 その後聴衆から質問や意見を受ける。

会議案内状の記載項目

- 会議の名称
- 開始、終了予定時刻
- 場所
- 議題
- 主催者名、連絡先、担当者名
- 出欠の連絡方法、締切日
- 食事、宿泊の手配の有無
- 駐車場の有無、交通機関、地図
- その他（持参する資料など）

会議の準備から終了までの流れ

会議前準備

・日時
・希望の会場
・出席者数(出席者名でない)
・資料の準備
・備品
・担当者
・掲示する会合名
・食事、茶菓の接待
・会議中の電話の取り扱い
・議事録の要不要と担当者
・名札(社員の会議では不要)
・社外会議の場合は名札を用意
・座席の配置も上司と確認しておく
・宿泊の手配の有無

会議当日、会議中

・定刻になっても来ていない出席者に電話で連絡する
・遅れてきた出席者には、理由は聞かない。入室時はノックせずにドアを開け案内する
・会議中電話を取り次ぐ場合は、メモで知らせる(小声で伝えるのはNG)
・会議前電話を取り次ぐ場合は、小声で伝えてもよい
・出席者への電話の取り次ぎ、連絡方法について事前に上司と打ち合わせをしておく
・議事録を作成するため、録音する場合でも発言者名と内容のポイントはメモを取る
・議論が白熱している時は、食事や茶菓のサービスをするかは上司にメモを入れ指示を待つ
・食事は短時間でサービスできるよう幕の内弁当などが便利
・終日の会議であれば、午前と午後に1回程度のタイミングで食事や茶菓のサービスをする

会議終了後

・会議終了後は開催について世話になった人に礼を言う
・社外の会議場(ホテル)の場合は費用の精算を行う
・議事録の作成

会議の設営と座席

円卓・ロの字型

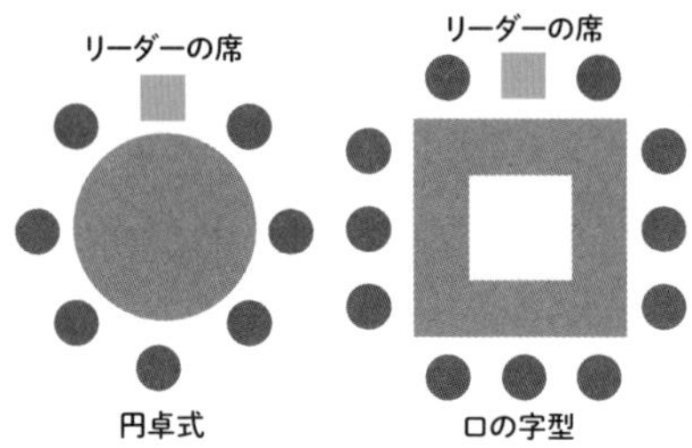

20名くらいまで。顔を見ながら、自由な雰囲気で話す会議に適している。

コの字・V字型

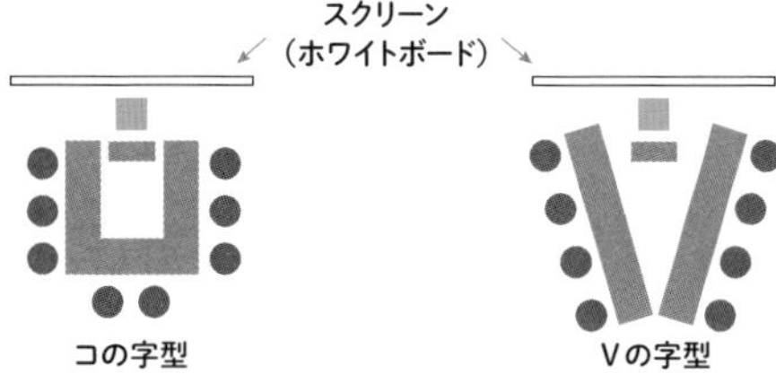

スクリーンやホワイトボードを使用する会議に適している。

教室式・スクール形式

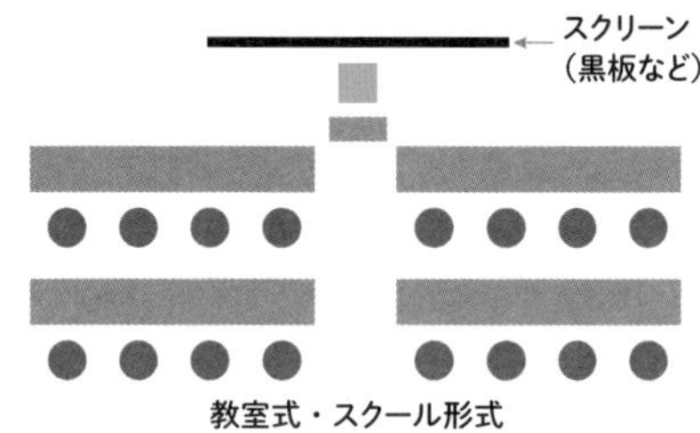

多人数の会議（例：株主総会）などに適している。

会議に必要な機器

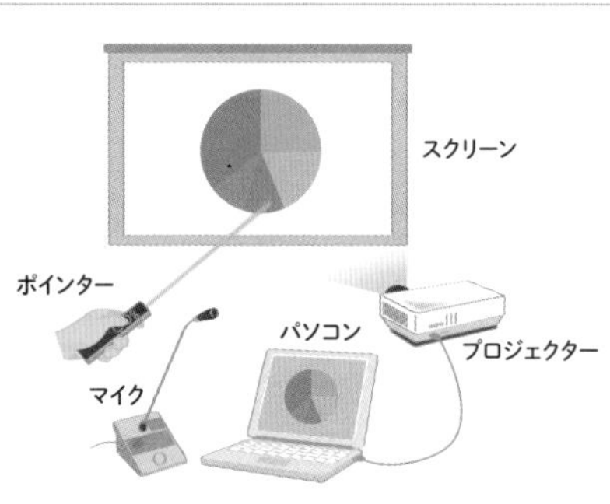

・スクリーン
・プロジェクター
・ポインター
・マイク
・パソコン
　などの備品も準備しておく。

出席者の座席位置

・オブザーバー（傍聴者）は、議決権がないので後ろの席に着席し、発言は可能
・記録係、発言者が見えやすい前方の席
・議長、司会者全体が見えやすい前方の席

議事録の記載項目

- 会議名
- 日時、場所
- 主催者名
- 議長、司会者名
- 出席者、欠席者名（欠席の理由は不要）
- 議題、テーマ
- 会議の経過（発言者と発言要旨）
- 決定事項、結論
- 次回予定
- 議事録作成者

会議用語

会議用語は頻出問題です。用語編ページを確認しておきましょう。

招集・召集	会議出席者を集めること。国会は召集。
議案	会議で討論、議決するための議題。
定足数	会議が成立するために必要な最小限のメンバーの数。
採決	会議で討論した後、賛成か反対かの決を採ること。
動議	会議開催中に予定された議案以外の議題を提案すること。
諮問	上位者が下位者に専門的な意見を求めること。
答申	諮問に対して答えること。
分科会	全体会議の下に設置された分野ごとの会議。
キャスティングボート	採決で賛否同数の場合に議長が持つ決定権。
オブザーバー	会議には出席するが、議決権のない人。
一事不再議の原則	一度議決されたら、その会期中には再び審議することはできないこと。

伝言メモの書き方

伝言メモとは、上司不在時に受けた伝言や電話の内容を伝えるメモのこと。上司に確認する際は口頭でも伝えます。簡潔に分かりやすく名前や時間、内容などをあらかじめ記載したメモを作成しておくと便利です。

メモの取り方のポイント

- 上司の指示や電話応対など、正確にメモする（5W3Hを確認する）
- 自分の推測や意見、判断を加えない
- 自分用にもメモを控えておく
- メモしたら復唱する。日時や数字、場所、固有名詞などは正確に確認する
- 最後に漏れや抜けがないかをチェックし補足があれば行う

伝言メモ

（伝言を伝える相手）　様

（伝言を受けた日時）
日時　月　日 午前/午後　時　分

（伝言した方の会社名）

（伝言した方の名前）　様

□電話がありました　□電話をください
□来社されました　□また電話をします
□伝言がありました　□伝言を伝えてください
□その他

用件

受付者（自分の名前）

問題 Q A

次は営業部長秘書Aが、上司主催の営業所長を集めた会議が終わった後に行ったことである。中から<u>不適当</u>と思われるものを一つ選びなさい。

1）会議室のテーブルは汚れている所を重点的に拭いた。
2）使用した機材は片付け、元の位置に戻した。
3）次の会議がすぐ後に開催されると分かっていたので、室温が適しているか点検した。
4）ワイヤレスマイクの電池が切れそうだったので、メモにそのことを書いてテーブルに置いた。
5）会議室を管理する部署へ、会議が終わったことを電話で報告した。

解答・解説　**正解：4**

ワイヤレスマイクの電池が切れそうだったら、新しいものに交換するか、会議室を管理する部署へ連絡しておくなどしないといけない。メモにそのことを書いておいても意味がないので不適当である。

技能①

Lesson 2

社内文書

社内文書の形式や作成のポイント、社内文書の種類について理解しておきましょう。

社内文書作成のポイント

用紙・形式	A4横書き、一文書一用件。
頭語・結語・前文	頭語・結語・前文などは不要。
件名・本文	「下記の通り」「記」「以上」はセット。「～です」「～ます」体。
文書番号	重要文書には文書番号を入れる。
種 類	稟議書、通知文、報告書、進退伺、始末書、回覧文書など。

文書の作成・印刷の仕方

- 資料を上司に渡す際は、読みにくい箇所を拡大コピーするなど、読みやすいように工夫する
- 長文の資料などは、重要なところにマーカーで線を引くなど、分かりやすいようにする
- 資料に必要な情報などがあれば添えておく
- 印刷する際はサイズを統一し、カラー印刷や片面・両面印刷の確認、綴じ方など確認する

社内文書作成方法

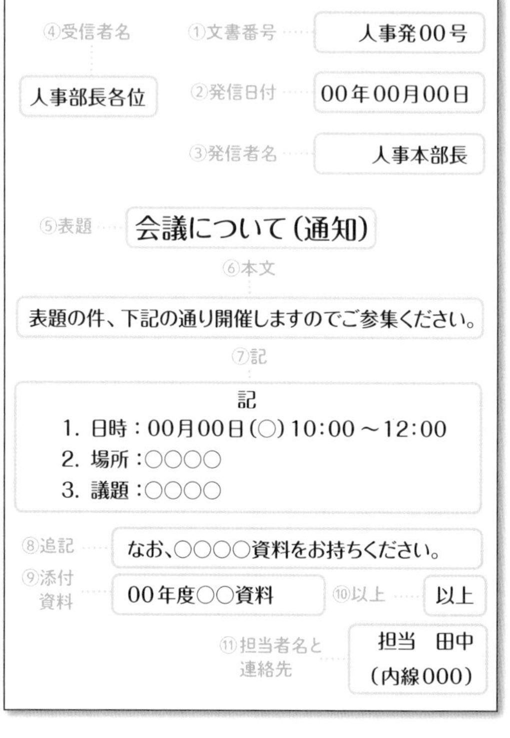
人事発00号
00年00月00日
人事部長各位
人事本部長
会議について（通知）
表題の件、下記の通り開催しますのでご参集ください。
記
1. 日時：00月00日（○）10:00～12:00
2. 場所：○○○○
3. 議題：○○○○
なお、○○○○資料をお持ちください。
00年度○○資料
以上
担当　田中
（内線000）

① 文書番号

重要文書には必要
人事部発（人事発）などと記載

② 発信日付

年月日を記載。元号または西暦

③ 発信者名　④ 受信者名

受信者名・発信者名とも「職名」を書く
多人数に出す場合は「各位」をつける
役職を兼任している場合は当てはまる方を書く

⑤ 表題

タイトルと（　）に性質を書く

⑥ 本文

「～について、下記の通り」などと書き始める

⑦ 「記」書き

箇条書きで書く
体言止めで書く

⑧ 追記　⑨ 添付資料

追記することや同封する資料などについて書く

⑩ 以上

後に「以上」と書く
書く位置に注意する

⑪ 担当者名と連絡先

担当者名、部署名、内線番号など連絡先を書く

社内文書の発信日は、この文書を発信した年月日を書きます。文書を作成した日ではありません。注意しましょう。

社内文書の種類

「社内文書の種類」は頻出問題です。用語編ページを確認しておきましょう。

稟議書	決裁や承認を仰ぐための文書。起案書ともいう。
進退伺	自分や部下に重大な過失があった時辞職すべきかどうか伺う文書。
始末書	自分や部下が犯した過失などに対して、謝罪する文書。
上申書	上司に事実や意見を申し述べる文書。
報告書	業務や出張、調査などの事実や経過を報告する文書。
通知文	会議などの実施や開催を知らせる文書
回覧文書	社員内で順番に回して通知する文書

社内文書は挨拶の言葉は省略し、簡潔に書くことが大切です。「～いたします」は「～します」、「お願い申し上げます」は「お願いします」など丁寧な表現は最小限にします。

問題 Q A

次は秘書A(山田)が総務部長から頼まれて作成した通知文である。社員全員に向けた忘年会である。1)～4)に入る言葉を書きなさい。

1)　　　　令和5年11月25日

2)

3)　のお知らせ

本年度の社員忘年会を
下記の通り行いますのでご参加ください。

記

1. 日時：12月15日(金)午後6時～8時
2. 場所：○○料理店

4)

担当　山田
(内線1234)

解答

1）社員各位　2）総務部長
3）忘年会開催のお知らせ　4）以上

技能①

Lesson 3

社外文書

社外文書の形式や作成のポイント、社外文書の種類について理解しておきましょう。

社外文書作成のポイント

社外文書は外部に向けた文書なので丁寧に書きます。頭語・結語・前文・季節の挨拶など覚えることが多くありますが、細かく覚えておきましょう。

用紙・形式	A4横書き、一文書一用件。
頭語・結語・前文	頭語・結語・前文をつけて丁寧に書く。
件名・本文	「さて」「つきましては」「まずは」「お願い申し上げます」
文書番号	重要文書には文書番号を入れる。
種 類	照会状、紹介状、督促状、依頼状、案内状、通知状など。

社外文書は取引先や顧客との関係を踏まえ、マナーを守り丁寧に書くことが大切です。

頭語と結語

格式を高めるために前文の初めに「頭語」、本文の最後に「結語」を書きます。
「頭語と結語」は頻出問題です。用語編ページを改めて暗記しておきましょう。

用 途	頭 語	結 語
一般的な文書	拝 啓	敬 具
返信の文書	拝 復	敬 具
格式の高い文書	謹 啓	敬 白
前文を省略した文書	前 略	草 々
	冠 省	不 一
急用の文書	急 啓	草 々

社外文書の作成方法

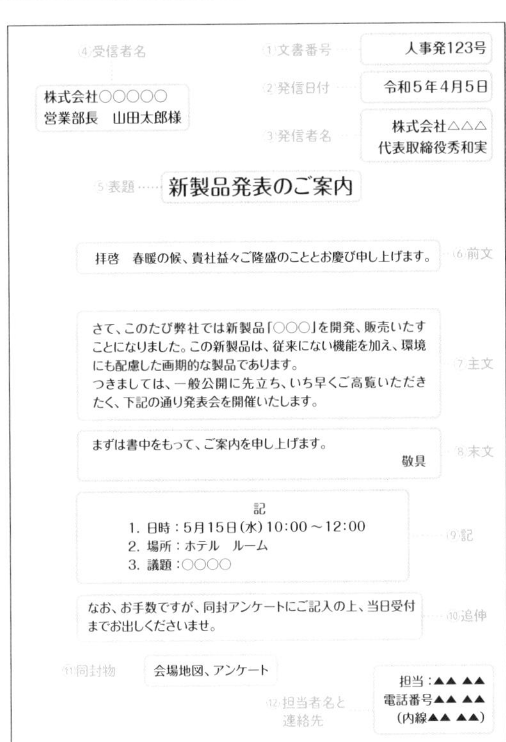

人事発123号

令和5年4月5日

株式会社○○○○○
営業部長　山田太郎様

株式会社△△△
代表取締役秀和実

新製品発表のご案内

拝啓　春暖の候、貴社益々ご隆盛のこととお慶び申し上げます。

さて、このたび弊社では新製品「○○○」を開発、販売いたすことになりました。この新製品は、従来にない機能を加え、環境にも配慮した画期的な製品であります。
つきましては、一般公開に先立ち、いち早くご高覧いただきたく、下記の通り発表会を開催いたします。

まずは書中をもって、ご案内を申し上げます。
敬具

記
1. 日時：5月15日(水)10:00～12:00
2. 場所：ホテル　ルーム
3. 議題：○○○○

なお、お手数ですが、同封アンケートにご記入の上、当日受付までお出しくださいませ。

会場地図、アンケート

担当：▲▲ ▲▲
電話番号▲▲ ▲▲
(内線▲▲ ▲▲)

① 文書番号

重要文書には必要
人事部発などと記載

② 発信日付

年月日を記載
元号または西暦

③ 発信者名　④ 受信者名

発信者名と受信者名は同格の役職＋個人名を書く
発信者名の横に印鑑を押す
(株)は略さず「株式会社」と書く

会社・団体「ABC会社人事部御中」
職名「人事部長殿」
個人名・職名「人事部長山田太郎様」
複数・多数の場合「株主各位」

⑤ 表題

タイトルを書く

⑥ 前文

頭語、時候の挨拶で書き始める
見舞状、悔やみ状は不要
会社宛てか個人宛てかで言葉が変わる

⑦ 主文

用件を述べる。「さて」「つきましては」などで始める

⑧ 末文

締めくくりの挨拶を書く
結語を書く

⑨ 「記」書き

箇条書きで書く
体言止めで書く

⑩ 追伸　⑪ 同封物

追記することを「なお」で書き出す。同封する資料などを書く

⑫ 担当者名と連絡先

担当者名と連絡先電話番号
内線番号なども書く

技能①

社交文書

社交文書は儀礼的な文書です。頭語・結語や時候の挨拶、特に「企業」と「個人」の挨拶の違いなど確認しておきましょう。

社交文書作成のポイント

用紙・形式	縦書き・手書きが一般的
頭語・結語・前文	頭語・結語・前文をつけて丁寧に書く 見舞い状は「頭語」「結語」「前文」「末文」は省略する 悔やみ状は「頭語」「結語」は省略する
件名・本文	「さて」「つきましては」「まずは」「お願い申し上げます」
文書番号	なし
種類	紹介状、慶弔状、悔やみ状、見舞状、挨拶状、招待状、案内状、礼状

時候の挨拶

時候の挨拶は頻出問題です。用語編ページを確認しておきましょう。

月	異名	時候の挨拶	月	異名	時候の挨拶
1月	睦月（むつき）	新春の候 厳寒の候	7月	文月（ふみづき）	盛夏の候 猛暑の候
2月	如月（きさらぎ）	余寒の候 向春の候	8月	葉月（はづき）	残暑の候 晩夏の候
3月	弥生（やよい）	早春の候 春風の候	9月	長月（ながつき）	初秋の候 新秋の候
4月	卯月（うづき）	春暖の候 陽春の候	10月	神無月（かんなづき）	仲秋の候 秋冷の候
5月	皐月（さつき）	新緑の候 薫風の候	11月	霜月（しもつき）	晩秋の候 霜降の候
6月	水無月（みなづき）	初夏の候 梅雨の候	12月	師走（しわす）	師走の候 初冬の候

前文・末文の書き方

前文の例

「企業」と「個人」の挨拶文は違います。それぞれの違いを覚えておきましょう。

会社や団体に対して

頭語	時候の挨拶	前文	本文	末文	結語
拝啓	新緑の候	貴社益々ご隆盛のこととお喜び申し上げます	さて	末筆ながら貴社益々のご発展を祈念申し上げます	敬具
		ご発展／ご隆昌／ご繁栄			

個人に対して

頭語	時候の挨拶	前文	本文	末文	結語
拝啓	新緑の候	貴殿益々ご健勝のこととお喜び申し上げます	さて	まずは略儀ながら書中をもってご挨拶申し上げます	敬具
		ご活躍／ご清祥			

感謝の挨拶

平素は／日頃は	格別の／一方ならぬ／並々ならぬ／	ご高配を賜り	厚く御礼申し上げます
		ご愛顧／ご厚情／お引き立て	

末文の例

まずは／ 末筆ながら／ 略儀ながら／	用件のみ申し上げます 書中をもってご挨拶申し上げます 貴社益々のご発展を祈念申し上げます

問題 Q A 次の文は社交文書の一部である。下線部のカタカナを漢字に直しなさい。

1）{ア} ヘイソは格別のご {イ} コウハイを {ウ} タマワり、厚く御礼申し上げます。
2）{ア} リャクギながら {イ} ショチュウをもってご挨拶申し上げます。

解答

1）{ア} 平素　{イ} 高配　{ウ} 賜
2）{ア} 略儀　{イ} 書中

技能①

Lesson 5

慣用句

慣用句

慣用句は頻出問題です。用語編ページを確認しておきましょう。

意　味	慣用表現
出席してください	ご来臨賜りますようよろしくお願い申し上げます
面会してください	ご引見賜りますようよろしくお願い申し上げます
書類などを調べて受け取ってください	ご査収のほどお願い申し上げます
つまらない物ですが受け取ってください	粗品ではございますがご笑納ください
贈り物を郵送で受け取ったお礼	結構なお品をご恵贈賜りありがとうございます
贈り物を直接いただいた際のお礼	ご恵与賜りありがとうございます
どうか気にしないでください	ご放念ください
一生懸命努力するつもりです	鋭意努力する所存でございます
努め励みます	精励努力いたします
今まで以上にご指導ください	旧に倍するご指導のほどお願いいたします
非常に幸せに思います	幸甚に存じます
自分自身を大切にしてください	ご自愛のほどお祈りいたします
ご自分の体を最優先に大切にしてください	ご自愛専一にお過ごしください
元気にしておりますので安心してください	他事ながらご休心ください
丁寧な	ご丁重な
急いで、何をおいても先に	取り急ぎ、とりあえず
時期が時期だから	時節柄
最後になりますが	末筆ながら
簡略ですが(略式ですが)	略儀ながら
書面にて	書中をもって

いつもひいきにしていただいて	平素はご愛顧賜り
ご予定を調整してお越しいただきたい	万障お繰り合わせの上ご来臨賜りますようお願い申し上げます
お父様の死を悼みお悔やみします	ご尊父様のご逝去を悼み謹んでお悔やみ申し上げます

自他の使い分け

	相手側(尊敬表現)	自分側(謙譲表現)
本人	○○様・貴殿・先生・貴職	私・当職・本職
会社	貴社・御社	当社・弊社・小社
団体・官庁	貴省・貴会・貴所	当省・当会・当所
場所	貴地・御地・貴方面・貴県	当地・当方面・弊地
家	貴宅・御宅・尊宅	小宅・拙宅
品物	佳品・結構なお品	粗品・寸志・心ばかりの品
手紙	ご書面・ご芳書	愚書・愚状・書中
気持ち	ご厚情・ご高配	微意・薄志
意見	ご高見・ご意見	私見・愚見
配慮	ご配慮・ご尽力	配慮・尽力
授受	ご査収・ご受領	拝受・受領
訪問	ご来訪・ご来臨	参上・拝眉
父	お父様・ご尊父様	父
母	お母様・ご母堂様	母
夫	ご主人・ご主人様	主人・○○(姓)
妻	奥様・ご令室様	妻・家内
息子	ご令息様・ご子息様	息子
娘	ご令嬢様・ご息女様	娘
家族	皆々様・ご一同様	一同・家族一同
志	ご芳志	志(こころざし)

問題 Q A 次は社外文書などで、自分側と相手側のことを表す言葉の組み合せである。中から**不適当**と思われるものを一つ選びなさい。

（自分側） — （相手側）

1）私 — 貴殿

2）弊社 — 小社

3）私見 — ご高見

4）寸志 — 佳品

5）小宅 — 貴宅

解答・解説 **正解：2**

「弊社」「小社」は自分の会社を謙遜する言い方で、両方とも自分側を指すので不適当である。相手側のことは、「貴社」「御社」などがある。

技能①

Lesson 6

グラフ作成

３級では2種類の知識が必要です。グラフ作成のルールを守り問題文の名称や数字、単位をもれなく記載しましょう。

グラフの種類

棒グラフ	数量や大きさの「比較」を表すグラフ
折れ線グラフ	「推移」や「連続した変化」を表すグラフ

グラフ作成のルール

・タイトルを入れる
・基点「０」、基線（円グラフの場合）を入れる
・出典を入れる（調査年月日・引用資料・調査機関名など）
・単位、数値を入れる
・２種類以上を比較する場合は、凡例を入れる

試験ではフリーハンド（定規を使わないで描く）でもOKですが、定規を使って描いてもかまいません。メモリの位置など注意して丁寧に描きましょう。

棒グラフ〈比較を表す〉

棒グラフ作成のポイント

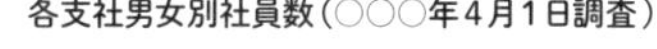

各支社男女別社員数（○○○年4月1日調査）

1 棒の幅を一定にする
2 基点「０」を入れる
3 棒が長い場合は中断記号（波線の記号）を入れる
4 一つの棒に2種類以上の比較がある場合は凡例を入れる
5 数値がマイナスになることもある

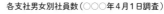

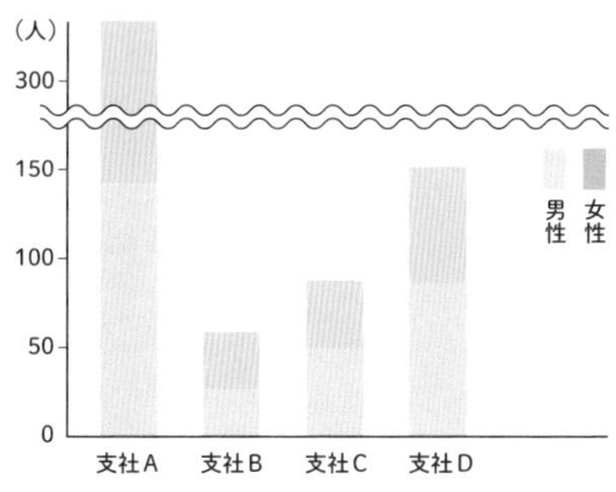

2種類以上の比較がある場合の「凡例」の書き方をチェックしておきましょう。

折れ線グラフ〈推移を表す〉

折れ線グラフ作成のポイント

1 基点「０」を入れる
2 左から右へ推移させる
3 線が2種類以上の場合は凡例を入れる
4 数値がマイナスになることもある

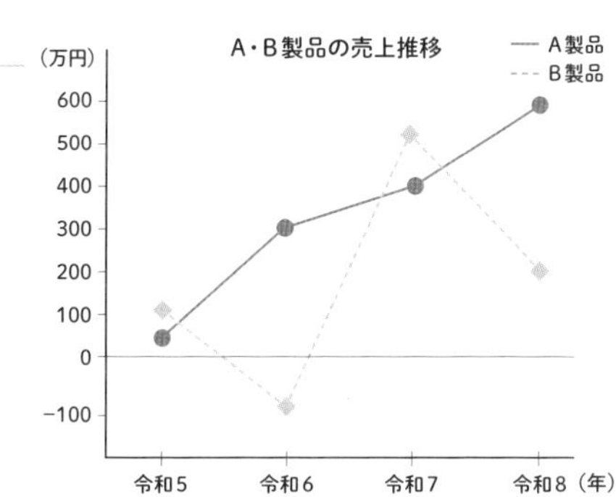

次は、令和5年度の「社員数」を示した表である。
これを見やすいグラフにしなさい。

会社名	A社	B社	C社	D社
社員数	450	300	250	200

（単位：人）

解答

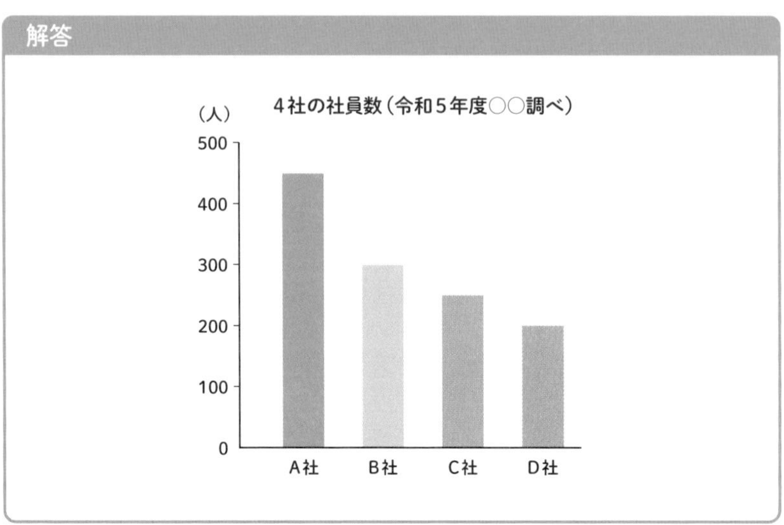

〈実 技〉
8日目

Day 8

技能②

文書の受発信やファイリング、特に「秘文書の取り扱い」は、機密文書を取り扱う秘書にとっては重要な業務です。配布、コピー、郵送など正しく取り扱えるように、しっかりと覚えておきましょう。

1日目の用語レッスンも併せて覚えましょう。

技能②

文書の受発信

文書の受発信では「開封してよいもの」「開封しないもの」の区別や、文書の取り扱い方、また返信する際の記述方法についておさえておきましょう。

文書の受信・発信

開封してよいもの	開封しないもの
公信	私信 公信か私信か分からないもの
・社用封筒で会社から来ている文書 ・DM(ダイレクトメール) ・挨拶状 ・招待状 ・速達	・個人的な手紙 ・社用封筒に個人名が書かれてあるもの ・社用封筒の会社名が線で消されているもの ・「親展」 ※宛名本人しか開けられない文書 ・「書留」(一般書留／簡易書留／現金書留)

上司に渡す際は、文書の封筒も必要です。封を開けたらクリップで書類とともに留めて渡します。

開封した文書の取り扱い方

・文書を出し封筒を下にして、クリップで留めて上司に渡す
・「速達」「至急」と書かれた文書は、すぐに開封し、他の文書の一番上にして渡す
・緊急の文書、重要文書が一番上になるよう渡す
・返信が必要な文書は、往信文書(こちらから出した文書)の控えを添えて渡す
・長い内容、複雑な内容の文書は、重要な部分にアンダーラインを引き、必要なら要約したメモを添付し渡す
・案内状や招待状は、当日の予定表を添えて渡す
・挨拶状は名簿や名刺の変更をした後に上司に渡す
・請求書、見積書などは金額の数字や計算ミスがないかをチェックしてから渡す
・ダイレクトメールなど必要だと思うものは渡す。不要と判断したものは破棄する
・重要文書は文書受渡簿に記録する(受け取る際は印鑑を押す)

封書の書き方

縦書きの場合

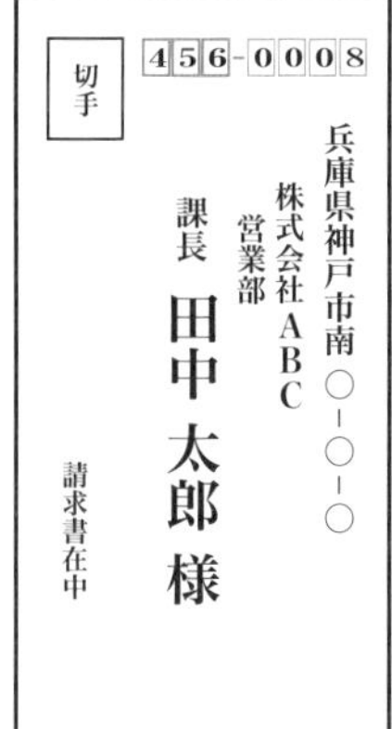

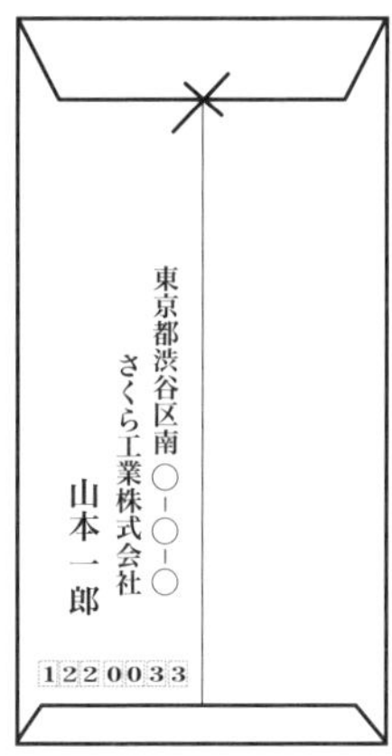

横書きの場合

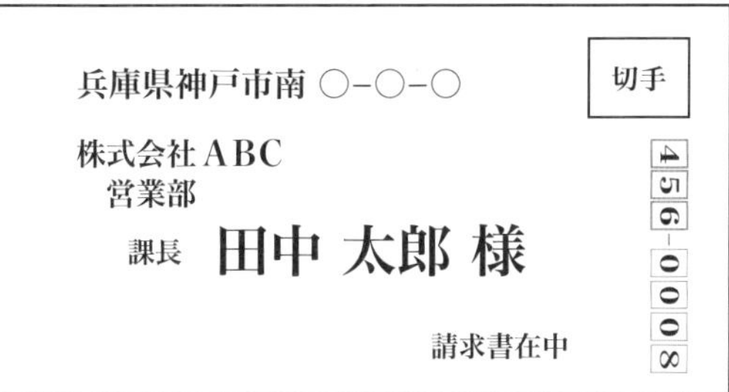

封書の場合「定形郵便物」とそれ以外の「定形外郵便物」があります。料金が違うため、確認して送ります。また切手付きの封筒便箋「郵便書簡(ミニレター)」などもあります。

Day 8 技能② 〈実技〉

往復はがきの書き方

宛名の株式会社などは省略せずに書き、企業や団体の場合は「御中」とします。
裏面には言葉を書き添えて、「御」を線で消しますが「御芳名」は「御芳」まで消します。

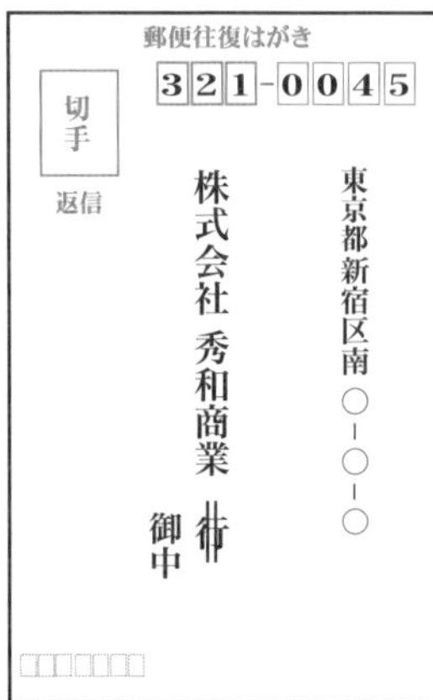

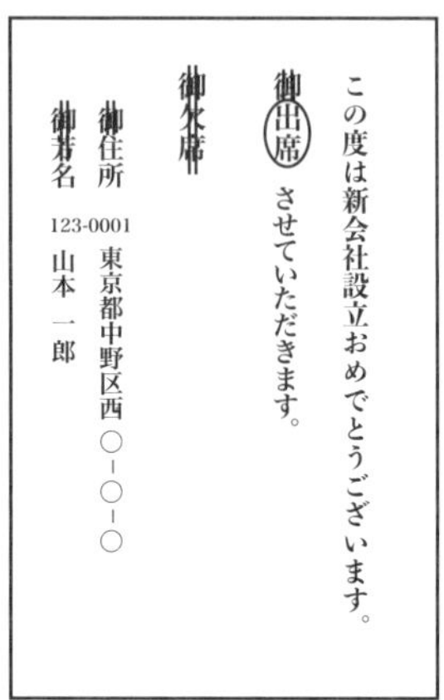

外脇付けの書き方

外脇付けとは、手紙の内容等に関する説明や、注意を促す言葉です。

脇付け	意　味
至急	急ぎの文書
親展	宛名以外の人は開封できない文書
重要	重要な文書
○○在中	同封物がある文書
気付	自宅や会社以外のホテルなどに一時的に滞在している人に送る文書

「脇付け」とは、手紙の宛先に添えて、より敬意を表すための言葉のこと。「侍史」「机下（きか）」などがあります。

こんな時どうする?

1 ABCホテルに請求書を送る時
2 ABCホテルの田中太郎様に読んでもらいたい時
3 ABCホテルに宿泊滞在している田中太郎様に送る時

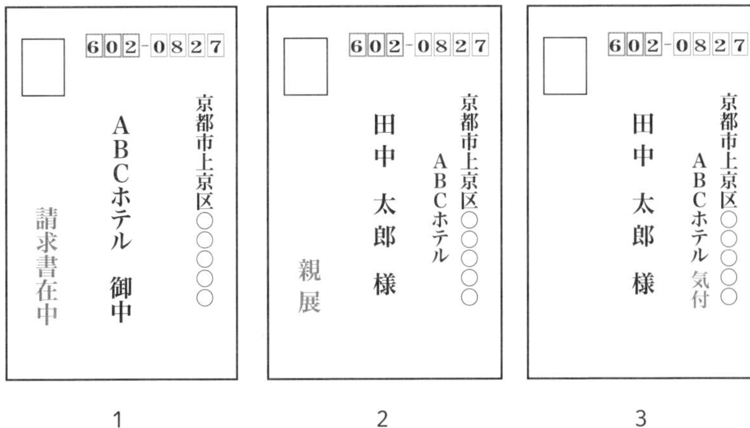

秘書Aが受け取った郵便物を見ると、封筒に「親展」と書かれていた。この「親展」の意味を、次の中から適当と思われるものを一つ選びなさい。

1）受け取ったらできるだけ早く開封してもらいたいという意味。
2）読んだらすぐに返事をもらいたいという意味。
3）関係者に回覧してもらいたいという意味。
4）名宛人に直接開封してもらいたいという意味。
5）中身が重要書類であるという意味。

解答　　**正解：4**

技能②

特殊取扱郵便

秘書は、文書によって最も適切な郵送方法で書類を発送することが大切です。大量発送する際や、「秘」扱い文書を送る際などの書留の知識など郵便サービスについて覚えておきましょう。

特殊な取扱郵便の種類

種類		内容	ポスト投函
速　達		通常郵便物より早く届く。 上辺に「速達」と書くか赤い線を入れる。書留も速達にできる。 ただし上司に渡す際は開封できない。速達であることを伝えて優先的に渡す。 速達を送る際は「速達料金」+「郵便料金」が必要。	ポスト投函可
書　留	一般書留	商品券、小切手、手形など現金以外の有価証券を送る。 500万円までの損害を補償される。	ポスト投函不可
	簡易書留	「秘」文書や重要な書類、原稿などを確実に送る。 5万円までの損害を補償される。	
	現金書留	現金を送る。 手紙や祝儀袋、不祝儀袋も同封できる。50万円までの損害を補償される。	
	内容証明	書類の内容を証明できる。 法的文書を出す時に用いられる。	
	配達証明	配達した事実を証明する。	
配達日指定		配達日を指定できる(年賀状、クリスマスカードなど)。	ポスト投函可

香典などを現金書留で送る際、お悔やみ状のような手紙を同封することができます。

小包郵便物

ゆうパック（一般小包）	サイズ・大きさ・距離により料金が異なる。
ゆうメール	1キロまでの冊子とした印刷物、CDやDVDを安価に送れる。 ポストに投函でき、全国一律料金。
レターパックプラス レターパックライト （定型小包）	専用封筒に入れて送る。 A4サイズ、4キロまで。ポストに投函できる。 レターパックプラスはライトより早く届く。

書き損じのはがきや未使用の切手などは、郵便局にて所定の手数料を支払えば「切手」「はがき」「郵便書簡」「レターパック」に交換してもらえます。

大量郵便物

料金別納郵便	差出郵便局名 料金別納 郵便	郵便料金が同じ郵便物を同時に10通以上出す時に利用。
料金後納郵便	差出郵便局名 料金後納 郵便	月に50通以上の郵便物を出す時に利用。差出局の郵便局長の承認が必要。料金は翌月に支払う。
料金受取人払	料金受取人払郵便 新宿北局承認 903 差出有効期間 20●●年12月 15日まで	アンケートなど受取人は返信された分だけ料金を支払う。アンケートの返信用として適している。
郵便区内特別郵便物		同一郵便区内に同じ差出人が同じ郵便物を同時に100通以上出す場合に利用できて料金が割安になる。大きさや重さに制限があり、「郵便区内特別」と記載すること。

慶弔事など格式を重んじる郵便を送る際は、大量郵便物のサービスは活用せず、1枚ずつ切手を貼ります。切手は、慶弔用の切手があるので活用しましょう。

次は秘書Aが「現金書留」で送る時に先輩から指導を受けたことである。中から<u>不適当</u>と思われるものを一つ選びなさい。

1）現金の入った香典袋を送ることができるが、悔やみ状は一緒に送ることができない。
2）出す時は、郵便局の窓口でないとできない。
3）現金は、紙幣と硬貨共に送ることができる。
4）控えの番号があるので、インターネットで到着したかどうか確認ができる。
5）万一損害が生じた場合は、最高50万円までの実損額が補償される。

解答・解説　**正解：1**

「現金書留」は現金を送るための郵便だが、香典袋や悔やみ状など現金以外のものも一緒に送ることができる。そのため、1は不適当である。

技能②

Lesson 3

「秘」扱い郵便

「秘」扱い文書を取り扱うことが多い秘書として、郵送する場合やコピー、保管する場合など、さまざまなケースを理解しておきましょう。

「秘」扱い文書郵送の仕方

- 封筒に文書を入れ「秘」のスタンプを押す
- 封じ目には「〆(しめ)」、または「緘」の印を押す
- 透けない封筒に入れ、二重封筒にする
- 「親展」と書く
- 文書受発信簿に必ず記録を残す
- 発送後に、文書を送ったことを相手に電話で連絡する

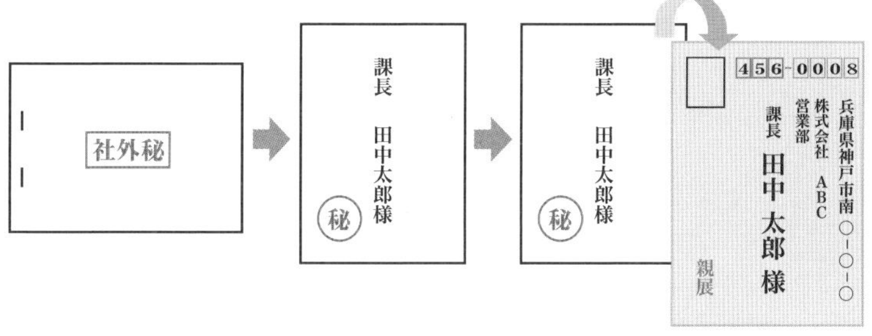

書類に「秘」のスタンプを押す。

「秘」扱い文書を封筒に入れ、封印をする。

中が透けない別の封筒に入れて「親展」の表示をする。

Point

「社内秘」とは、社内でも関係者以外には内密にする情報のこと。
「社外秘」とは、社外に公表してはならない情報のこと。

「秘」扱い文書の取り扱い

「秘」扱い文書の取り扱いは、頻出問題です。郵送する場合からコピー、保管する場合などさまざまなケースを理解しておきましょう。

個人に送る場合	封筒に「親展」と記して送る。 「簡易書留」で送り受発信簿に記録する。 相手先に電話で秘扱い文書を郵送したことを連絡しておく。
他部署に渡す場合	直接出向いて手渡しする。 「親展」と記しておく。不在の場合は出直す。
配布する場合	通し番号をつけ、配布先の名前と番号を控え、回収する場合は漏れがないよう確認する。
コピーする場合	人のいない時に必要部数だけコピーする。 コピー枚数は記録しておく。 原本をコピー機に置き忘れないよう注意する。
保管する場合	一般文書とは別に鍵のかかるキャビネットに保管する。 上司と秘書が鍵を一本ずつ持つ。 重要な文書は、耐火金庫に保管する。
破棄する場合	不要な書類やミスコピーなどは、シュレッダーにかけて破棄する。
受け取る場合	文書受渡簿に記録し押印の上受け取る。
貸し出す場合	貸し出す際は「文書受渡簿」に受領印をもらう。
離席する場合	机の引き出しにしまう。
持ち歩く場合	二重封筒にして中の封筒にのみ「秘」の印を押す。

次は、秘書Aが先輩秘書Bに、「秘」扱い文書は特に慎重に取り扱うようにと指導を受けた内容である。中から不適当と思われるものを一つ選びなさい。

1）秘文書であることが外からは分からないように持ち歩くこと。
2）机上で取り扱っている最中に、誰かに話しかけられたらすぐに秘文書を裏返すこと。
3）コピーを指示された時は、枚数を確認して必要部数と予備を数部取ること。
4）一般の文書とは別にし、施錠できるキャビネットに保管すること。
5）秘文書を扱っている最中に離籍する際は鍵のかかるキャビネットにしまうこと。

解答・解説　　**正解：3**

秘文書は必要部数のみコピーするもので、予備をコピーすることは不適当である。

ファイリング

ファイリングの知識や整理法、オフィス用品やファイリング用語などの知識をおさえておきましょう。

バーチカルファイリング

書類を綴じないでフォルダーに入れ、キャビネットに垂直に立てて並べるファイル整理法。

バーチカルファイリングのメリット

・綴じる手間がかからない
・書類に穴を開けずに済む
・必要な書類を取り出しやすい
・綴じ具がないため、フォルダーが薄く扱いやすい

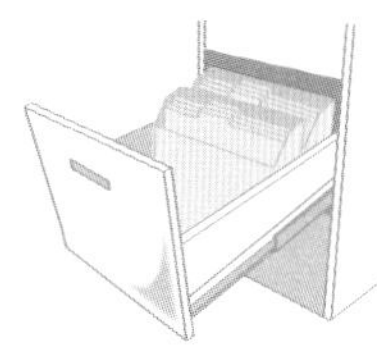

バーチカルファイリングの種類と整理法

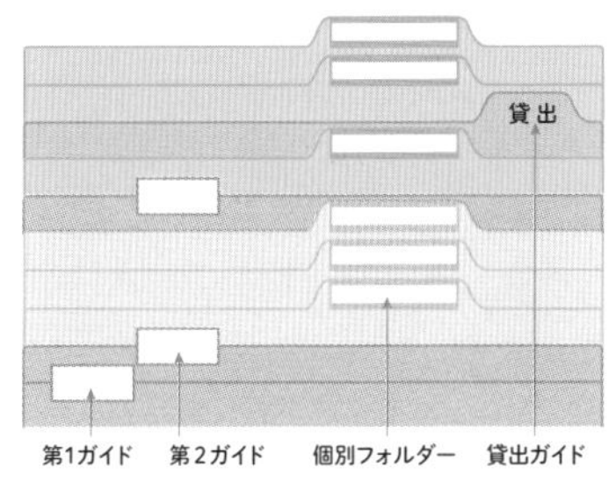

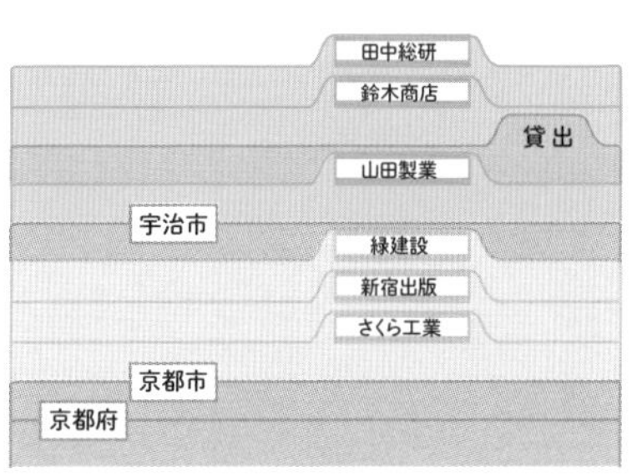

・第1ガイド：大分類タイトルを表示（京都府など）
・第2ガイド：中分類タイトルを表示（京都市など）
・個別フォルダー：小分類個別名を表示（さくら工業のフォルダー）
・雑フォルダー：個別フォルダーにならない枚数の少ない書類を表示
・貸出ガイド：貸し出した文書の位置に差し込んでおく厚紙

書類整理法

ファイリングの整理の際、「何を」「どのように」整理するかをおさえておきましょう。

相手先別整理法	田中総研 OMカンパニー 山田製薬 新宿出版	会社名・個人名・地域名別に整理する方法。 通信文書の整理に適している。
主題別整理法	コピー機 カメラ スキャナー ノートPC	テーマ別にまとめて整理する方法。 商品やカタログ、新聞の切り抜きなどに用いる。
標題別整理法	A社見積書 A社請求書 B社見積書 B社請求書	タイトルをそのまま使って整理する方法。 「請求書」「発注書」など帳票の整理に適している。
一件別整理法	京都店オープン 20周年記念 大阪店オープン 5周年記念	特定の案件、行事ごとに分ける方法。 「プロジェクト」など案件の経緯が分かる。
形式別整理法	お悔やみ状 お礼状 年賀状 暑中見舞い	文書の形式ごとにまとめる方法。 「議事録」「挨拶状」「通達文」などに適している。

ファイリング用品

個別フォルダー	文書をまとめて保管する書類挟み。
雑フォルダー	文書数が少なく個別フォルダーを作成していない書類の一時保管フォルダー。
持ち出しフォルダー	文書を貸し出す際のマチのあるフォルダー。
貸出ガイド	空になった元のフォルダーに挟んでおく厚紙。貸出先、貸出日、返却予定日、書類名などを記入しておく。
ラベル	フォルダーのタブに貼る見出しの紙やシール。
キャビネット	フォルダーを収納する引き出し式の文書整理棚。
ハンギングフォルダー	リーフレットなど薄い書類を吊るして収納するフォルダー。
ハンギングフレーム	フォルダーやガイドをぶら下げるための枠。

〈実 技〉
9日目

Day 9

技 能③

技能の最終章は、スケジュール管理やオフィスの環境整備などに関する内容です。上司が心地よく仕事に専念するために、どのようなサポートが必要か。日々の補佐力を理解しておきましょう。

1日目の用語レッスンも併せて覚えましょう。

技能③

Lesson 1

オフィス用品

オフィス用品の種類

事務用品の名称や、使用する目的について確認しておきましょう。

デスクトレー

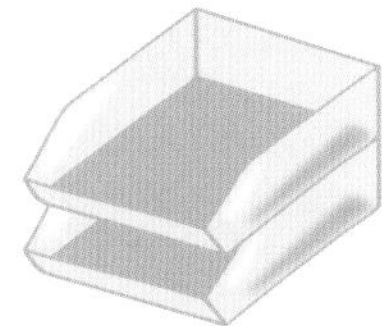

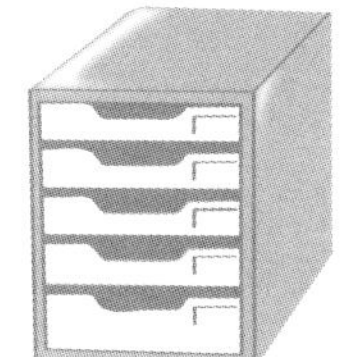

バインダーファイル

ステープラー

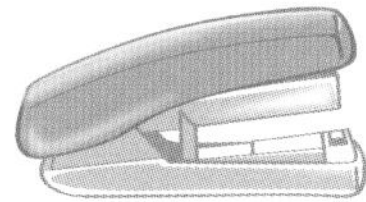

パンチ

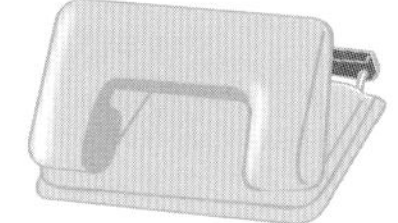

クリップ

チェックライター

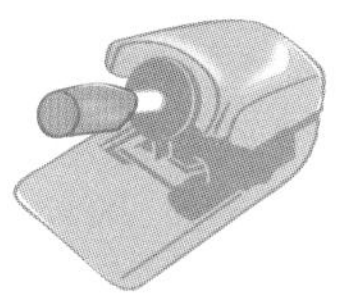

小切手や領収書の金額を印字する機器

ナンバリング

スタンプ式の番号を押す事務用品

ファイリング用品

バーチカルファイリングに必要な用具などについて記述問題も意識して覚えましょう。

個別フォルダー

持ち出しフォルダー

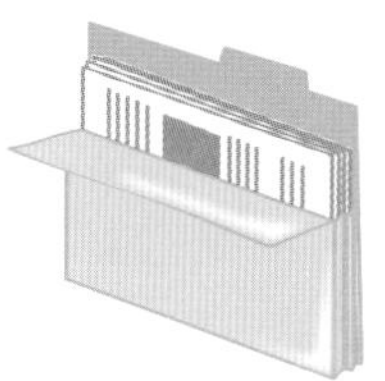

貸出ガイド

ラベル

キャビネット

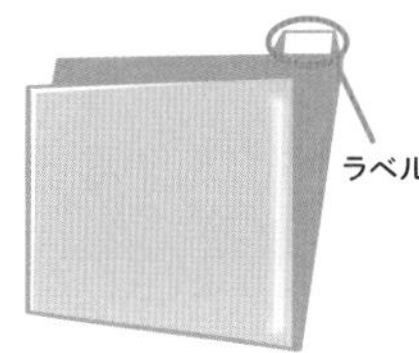

ハンギングフォルダー

ハンギングフレーム

ファイルボックス

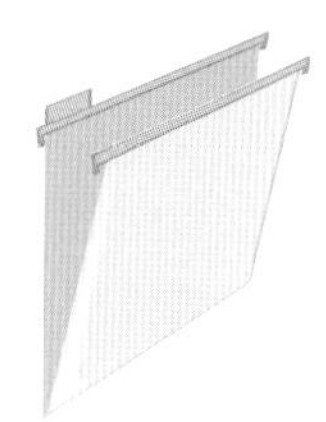

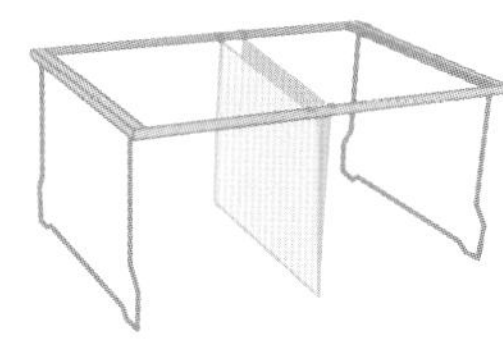

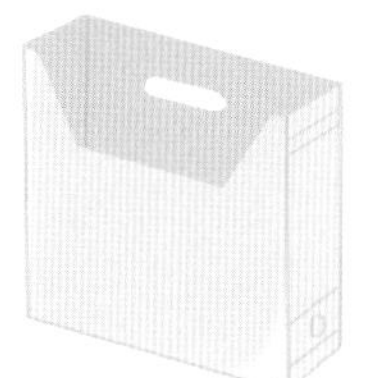

ハンギングバーチカルファイリング

- フォルダーを吊るしてかけるファイリング方式
- 薄いリーフレットのような書類整理に便利
- 枚数が少ない書類整理に便利

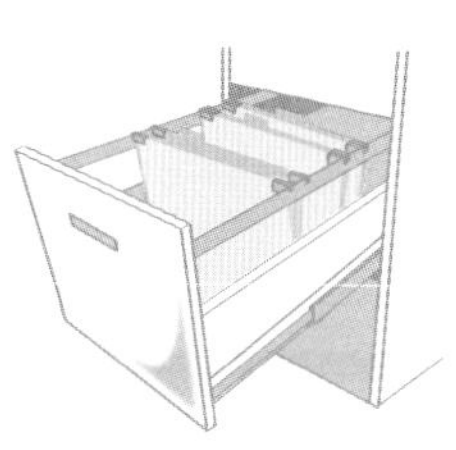

次はファイル用品の説明である。中から不適当と思われるものを一つ選びなさい。

1）「貸出ガイド」とは、空になった元のフォルダーに挟んでおく厚紙のこと。
2）「ファイルボックス」とは、フォルダーを収納する引き出し式の文書整理棚のこと。
3）「ハンギングフォルダー」とは、リーフレットなどの薄い書類を吊るして収納するフォルダーのこと。
4）「フラットファイル」とは、レターファイルとも言う、中に綴じ具の付いている書類挟みのこと。保持力が強く書類がずれにくい。
5）「ラベル」とは、フォルダーのタブに貼る見出しの紙やシールのこと。

解答・解説　　**正解：2**

「ファイルボックス」とは、数冊のファイルを立てて保管、整理する箱のこと。

技能③

Lesson 2

名刺整理

名刺整理は個人情報として管理を徹底します。名刺整理法の特徴とメリット・デメリット、整理の仕方や管理についておさえておきましょう。

名刺整理の仕方

名刺整理簿

メリット	デメリット
・一覧になって見やすい ・名刺が少ない場合に便利 ・持ち運べる	・差し替えがしにくい

名刺整理箱

メリット	デメリット
・名刺が多い場合に便利 ・名刺の大きさや縦横の形が違っても出し入れしやすい ・差し替えがしやすい	・持ち運びしにくい ・一覧にできない

パソコン管理

メリット	デメリット
・パソコンから検索ができる ・データ化するので増減や訂正がしやすい	・入力する場合はミスのないよう注意を払う ・個人情報管理には十分注意する

名刺の差し替え方

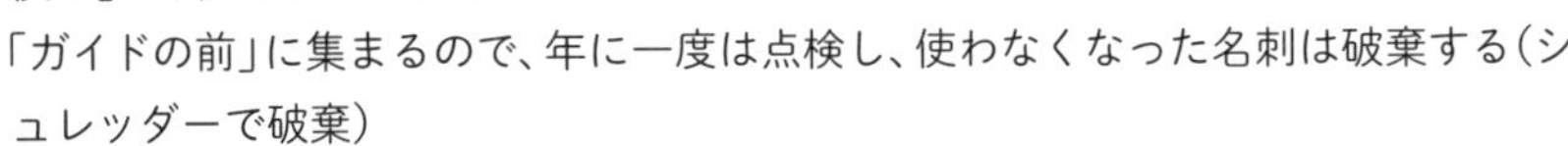

- 名刺には来訪日時や人物の特徴、紹介者名などをメモしておく（相手の目に触れないように注意する）
- 名刺を収納する際は、ガイドのすぐ後ろに入れる
- よく使う名刺が「ガイドの後ろ」に、使わない名刺は「ガイドの前」に集まるので、年に一度は点検し、使わなくなった名刺は破棄する（シュレッダーで破棄）
- 人事異動の挨拶状を受け取ったら最新の情報にアップデートしておく

Point

名刺に特徴を書く際、服装の特徴（赤いネクタイなど）を書いても、次回は違う可能性があるため意味がない。そのため、身体的特徴などを書くこともある。
例：「恰幅の良い」「ふくよかな」「背の高い」など

名刺の分類の仕方

- 「個人名」「会社名」「業種名」などで分けて整理する
- 会社名と関係者を書いたカードを作り別途差し込んでおくと、名前を忘れてしまった際に探しやすい（クロス索引方式）

Point

名刺を収納する前に、プロジェクト名や日時を控えておく場合があります。

次の名刺の整理の仕方から、不適当と思われるものを一つ選びなさい。

1）名刺には来訪日時や、人物の特徴などをメモしている。
2）上司の許可をとった上で、名刺アプリでスキャンして整理をしている。
3）不要な名刺は上司の許可を得てから処分している。
4）人事異動などの挨拶状を受け取ったら最新の情報にアップデートしておく。
5）読み方が難しい字には、振り仮名を書いたあとに整理している。

解答・解説　　**正解：3**

不要とわかっている場合は破棄するのに上司の許可は必要ないので、上司に尋ねてから処分することは不適当である。

技能③

Lesson 3

情報管理

上司から指示された資料をスムーズに提供するために、どこに何の情報や書類があるかを把握しておきます。

社内外の情報収集

部門	情報
総務部門	株主総会・取締役会・社内行事・消耗品の管理・車両管理
人事部門	従業員の採用・教育・配属・福利厚生・給与体系など
企画部門	経営企画・販売促進・製品の市場ニーズ・市場調査など
営業・販売部門	営業活動・販売活動・顧客名簿・得意先一覧・売上など
広報・宣伝部門	社内報・宣伝活動資料・ホームページなど

- 政治や経済動向、業界に関する情報をテーマごとに分類する
- 新聞は翌日に、雑誌は次の号が出た後に必要な記事を切り抜く
- A4に1記事を原則として台紙に貼る
- 小さい記事やテーマが同じ場合は複数貼ることは可能
- 記事を貼り余白に、紙名(誌名)、年月日、朝夕刊の別、ページなどを記入

カタログ整理

- 商品別に分類する
- 厚みのある総合カタログは、そのまま書棚に立てて入れる
- 薄いリーフレットなどは、商品別の個別フォルダー(ハンギングフォルダー)で整理する
- 新しいカタログが来たら古いカタログは処分する
- 自社のカタログは全て保存しておく
- 年に一度はチェックし不要なファイルや書類を処分する

雑誌・カタログ用語

機関誌	特定の団体などが会員との情報交換や広報のために発行する雑誌
官 報	政府が法令など一般に知らせる事項を掲載し毎日発行する文書
白 書	政府が発行する各界の実情と展望を述べた報告書
業界紙	その業界に関する情報を伝える新聞
紀 要	大学や学会、研究所などの研究論文集
日 刊	毎日発行
週 刊	毎週発行
旬 刊	10日に1回発行
月 刊	毎月発行
隔月刊	2か月に1回発行
季 刊	年に4回発行
増 刊	定期刊行物が臨時に発行されること
創 刊	刊行物が新しく発行されること
絶 版	もう発行されない刊行物
再 版	すでに発行されている本を同じ形で重ねて発行すること
改訂版	内容を部分的に変えて再度出版された書籍
復刻版	復刻本。原本に近い形で再度出版したもの
奥 付	著者名、発行日、発行所名が印字されている部分
タブロイド判	一般的な新聞の半ページの大きさ
カタログ	商品案内などの冊子
リーフレット	1枚でできた宣伝用の印刷物
パンフレット	ページ数の少ない簡単な冊子
バックナンバー	雑誌などの定期刊行物の過去に発行された号

技能③

スケジュール管理

上司の予定表を作成するポイントや管理方法、上司との確認の仕方や関係各所との連絡など重要なスケジュール管理をスムーズに行う配慮が必要です。

予定表の種類

・予定表は上司と秘書(場合によっては運転手)が一部ずつ持つ
・月間予定表は前月末、週間予定表は前週末、日々の予定表は前日の終業時までに上司に確認する
・予定が重なった場合は上司に相談の上決定する
・予定の変更は関係者に連絡し、その後の予定を調整する

年間予定表	1年間の社内外の行事を表にしたもの。前年度を参考に未確定のものも含めて書き込んでおく。入社式・創立記念日・株主総会・定例役員会などを記入する。
月間予定表	1か月の行事や会議・出張・面談・訪問などの予定を書き込む。
週間予定表	1週間の確定した予定を時間単位で細かく正確に記入する。
日々予定表	上司の1日の予定を時分単位で細かく記入する。前日の午前には完成し、午後に上司に確認する。

予定表の記入の仕方と変更方法

・上司と相談してスケジュール調整を行う
・予定を組む際は上司の健康状態を考慮する
・会議は時間延長の可能性を視野に入れておく
・外出や出張の直前直後は、余裕を持ってスケジュールを組む
・交通機関の最新情報に関する知識を持つ
・上司の不在時に受けた予定は、決定するまで「仮」と記入しておく
・スケジュール変更は二本線で消す、または赤字で訂正して変更前の予定が分かるようにしておく

出張準備から出張後の仕事

「出張前」「出張中」「出張後」それぞれの業務についておさえておきましょう。職務知識でも出題されることがあります。合わせて確認しておきましょう。

出張計画

・宿泊の有無
・仮払いの有無
・同行者の有無
・資料の有無
・出発日、期間
・出張場所
・希望の交通機関
・希望の宿泊先

出張の手配

・交通機関の手配（上司の希望や移動手段を考えて）
・宿泊先の手配（上司が希望するホテルや旅館など）

旅程表作成

・出張期間の行動予定を1日ごとに一覧にまとめたもの
・関係者に配布する

出張準備

・旅程表
・チケット類
・名刺
・資料
・訪問先への手土産
・旅費の仮払いを受ける

〈海外の場合〉
・パスポート
・海外旅行保険の手続き
・外貨購入

出張中

・上司へ報告ができるよう留守中の文書の確認、出来事や伝言などをまとめておく
・上司との連絡を一定の時間に取る
・日常業務でできなかった仕事、名刺整理やファイリングなどを行う
・来客応対、電話応対、突発事項への対応は上司の代理人に確認して行う

出張後

・出張報告書の作成
・出張先でお世話になった方への礼状作成
・領収書を預かり出張旅費の精算
・上司の帰社が分かれば関係者に連絡
・上司が持ち帰った名刺や資料の整理

問題 Q A 次は秘書Aが、上司のスケジュール管理をする上で気をつけていることである。中から<u>不適当</u>と思われるものを一つ選びなさい。

1）上司のスケジュールを問い合わせされた時は、上司に確認して返事をすると言っている。
2）社外での打ち合わせの場合は、スケジュール表に会社を出発する時間も記入している。
3）上司のプライベートな予定は、部署内の人でも口外しないようにしている。
4）いつも長引く面談の後は、時間に余裕を持たせて次のスケジュールを入れている。
5）スケジュール表を書き直す際は、何を変更したか分かるようにしている。

解答・解説 **正解：1**

上司のスケジュールは、問い合わせがあれば問題ない範囲で回答すればよい。それを、上司に確認して返事をするということは不適当である。

技能③

オフィスレイアウト

上司が快適に仕事ができるオフィス環境を整えることも秘書の大切な仕事です。レイアウトの工夫や清潔に保つ清掃、快適さを保つ温度や採光、空調や音にも配慮します。

オフィスレイアウト

上司の机

・出入り口から直接見えない位置に配置する
・上司の机は秘書と対面しないように配置する（背中合わせはNG）
・窓は上司の机の後方、または左側に配置し、手暗がりにならないようにする（左利きの場合は逆）

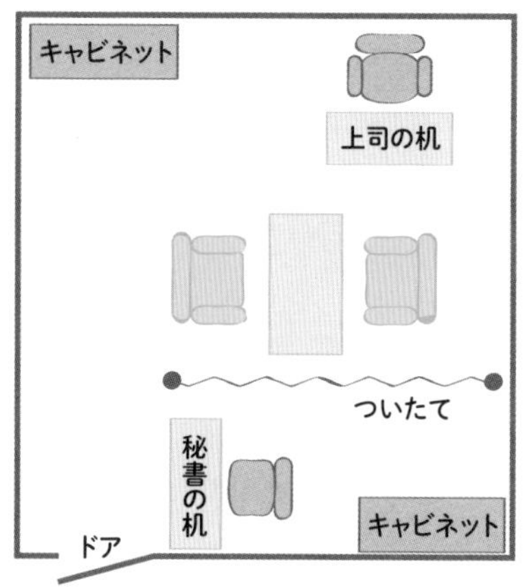

秘書の机

・上司の机前方に配置する。ただし上司の机の上のものが見えないようにする
・来客の出入りが分かる位置に配置する

応接セット

・来客の出入りが把握できる、出入り口近くに配置する
・上司と秘書が同室の場合は、パーテーション（ついたて）を置く

部屋のレイアウトを変更する際は、上司に確認してから行います。
観葉植物の業者を変える、枯れたので新しいものに替えるなど（同じ植物）は報告不要です。

オフィスの環境整備

時 計	時間が正確かを確認する。
照 明	手暗がりにならないよう窓の位置に注意する。間接照明を取り入れて目が疲れないようにする。
ブラインド	自然光も取り入れる。羽根はたきでホコリをはらう。
家 具	から拭きする。汚れたら家庭用合成洗剤で拭き取る。
革張りのソファ	から拭きする。ベンジンなどで拭くのはNG。
ド ア	アルコール消毒をする。ドアチェックをつけ開閉時の音に配慮する。
エアコン	フィルターは清潔に保つ。風向きや温度を最適にしておく。
空気清浄機	フィルターは清潔に保つ。換気も適宜行う。
パソコン・OA機器	ホコリをから拭きする。OAクリーナーで汚れを拭き取る。
新聞・雑誌	最新のものを準備しておく。
観葉植物	水やりをする。時々葉の表面を拭く。
絵 画	油絵は筆でホコリをはらう。位置が曲がっていないかチェックする。
置 物	羽根はたきでホコリをはらう。乾いた布で拭く。

温度・湿度

季節により服装が違うため、温度や湿度も調整します。エアコンの風向きにも気を配り上司に直接風が当たらないよう配慮をします。

	春・秋	夏	冬
温度	23度	25度〜28度	18度〜20度
湿度	50%〜60%		

次はオフィス家具の説明である。中から不適当と思われるものを一つ選びなさい。

1）部屋の中を仕切り、目隠しになる間仕切りのことを「パーテーション」という。
2）書類やファイルなど業務に必要な書類を整理収納する家具を「キャビネット」という。
3）応接室などでお茶を提供する時にお盆などを置く台を「サイドテーブル」という。
4）日よけや目隠しなどの目的で窓の内側に付けられる窓のための覆いを「ドアチェック」という。
5）コートやバッグなど個人の持ち物を収納する整理棚、収納家具を「ロッカー」という。

解答・解説　**正解：4**

「ドアチェック」とは、ドアを静かに閉める器具のこと。4は「ブラインド」の説明である。

上司を美しく補佐する
「自立美人」のルール

コミュニケーション上手への意識改革
「当事者意識」

人間関係やより良いコミュニケーションは、仕事をスムーズに進めるためには必須ですね。ですが、価値観や考え方が違うことや、思いがうまく伝わらないこともあります。そんな時に意識したいのが「当事者意識」という心の姿勢。当事者意識とは、自分を主語にする考え方。「どうして（相手に）伝わらないのだろう」を「どう（私が）伝えたら、より相手に伝わるだろう」、「なぜ（相手に）分かってもらえないのだろう」を「分かってもらうために（私が）できることは何だろう」と、自分自身の行動や姿勢を変える方法です。自分も相手も互いに尊重し、大切にしながらより良い人間関係を信頼へと導いていきたいですね。

Memo

10日目

Day 10

模擬試験

いよいよ模擬試験です。5分野の定着度を確認しましょう。問題を解くポイントは、消去法にしないこと。「なぜ不適当（適当）なのか」を理由まで言えてこそ正解だと捉えて、問題に取り組んでください。最終日は「曖昧な解釈を明瞭に」「不確実な暗記を確実に」を意識していく時間。模擬試験は最低3回、答えを覚えてしまうまで実践することが合格のコツです。

模擬試験

秘書の資質

問題1　次は秘書Aが上司を気遣ったことである。中から不適当と思われるものを一つ選びなさい。

1）上司に、出張中に普段できない仕事をしようと「ご出張中に、棚やキャビネットを整理しようと思うのですが、部長の机の引き出しの中も一緒に整理しておきましょうか」と言った。
2）上司が外出から戻って汗を拭いていたので「今日は暑いですね。エアコンの温度をもう少し下げましょうか」と言った。
3）上司が薬を取り出して飲もうとしていたので、「白湯をお持ちしますね」と言ってすぐに用意した。
4）上司が近くへ昼食に出掛けようとした時、「雨の予報なので、こちらの折り畳み傘をお持ちになりませんか」と言って差し出した。
5）部長が忙しくてなかなか歯医者に行けない、と言っていたので、「明日の午後の面談は延期になりましたので、いらっしゃってはいかがでしょうか」と言った。

問題2　秘書Aの上司の不在中に不意にKと名乗る客が来て、「上司に会いにきた」と言う。用件を尋ねると、上司に会ってから直接話すということである。上司の帰社予定は30分後である。次はAがK氏に対応したことである。中から不適当と思われるものを一つ選びなさい。

1）上司に会って直接話がしたいということであれば、前もって連絡してから来社願いたいと言った。
2）上司は30分後には戻る予定なので、応接室に通して待ってもらった。
3）上司は不在なので改めてこちらから連絡させてもらうと言い、次に来社できる日時を尋ねた。
4）K氏の来社は上司に伝えておくので、後日改めて連絡をもらえないかと尋ねた。
5）今上司は不在なので、K氏の連絡先を尋ねておき、戻り次第都合を連絡させてもらうと言った。

問題3　新人秘書Aが早く一人前になれるように心がけていることである。中から不適当と思われるものを一つ選びなさい。

1）先輩などと早く打ち解けるために、休憩の時など話の輪にはなるべく加わるようにしている。
2）仕事の準備を余裕を持ってできるよう、少し早めに出勤をするようにしている。
3）仕事が終業時間までに仕上げられなかった時は、家に持ち帰って続きをしている。
4）仕事で分からないことがあれば、先輩に聞くなどして間違いのないようにしている。
5）上司の急なスケジュール変更にも応じられるよう、プライベートの予定は終業時間に余裕を持たせるようにしている。

問題4　秘書Aが新人Bに指示した仕事を、Bはすぐに出来たと言って持ってきた。簡単な仕事ではあったが、よく見ると不注意によるミスが多くあった。Bのミスはどうしたら防げたと思うか。次の中から不適当と思われるものを一つ選びなさい。

1）仕上がった時にミスがないか確認をすればよかった。
2）指示を受けた時は勝手に分かったつもりにならず、よく確かめればよかった。
3）細心の注意を払えばよかった。
4）途中の進捗状況を報告すればよかった。
5）少し時間がかかっても丁寧にすればよかった。

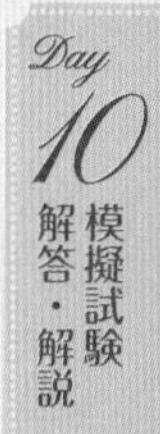

問題5　秘書Aは上司の指示で、体調不良で休んだ秘書Bの受付業務を代行することになった。次はその時Aが行ったことである。中から不適当と思われるものを一つ選びなさい。

1）今日中に仕上げなくてはならない仕事があったので、来客のいないタイミングを見計らって進めた。
2）初めて来社した客からどの部署を訪ねればよいかわからないと言われたので、上司に対応をお願いした。
3）顔なじみの客から受付で、担当が変わったのかと聞かれたが、今日だけだと答えた。

4）午後の打ち合わせがあったが、席を外せないので同僚Cに頼み、後で内容を教えてもらった。

5）同僚Dと一緒に資料を作成する予定だったが、事情を話して明日に延ばせるかと尋ねた。

職務知識

問題6　新人秘書Aの上司（出張中）のところへ取引先のG氏が来たが、予定表にはない。しかしG氏は約束しているという。次はAが、上司は出張中と言った後G氏に対応したことである。次の中から**適当**と思われるものを一つ選びなさい。

1）自分はまだ新人だから確認するのでお待ちくださいと言った。
2）予約は入っていないので出直してもらいたいと言って、面会の希望日時を尋ねた。
3）面談というのは聞いていないので間違いではないかと言った。
4）少し待ってもらえないかと言って、先輩に対応を代わってもらった。
5）G氏来訪のことは初めて聞いたのでどのようにすればよいかと尋ねた。

問題7　次は秘書Aが、上司の出張後に行ったことである。中から不適当と思われるものを一つ選びなさい。

1）出張で利用した費用を集計し、仮払いなどを精算した。
2）上司が出張から帰社したことを関係部署へ連絡した。
3）訪問先で受け取った名刺や資料を整理し、ファイリングした。
4）留守中に受けた電話や来訪者、出来事などを順を追って詳細に報告した。
5）上司に相談して、出張先でお世話になった方へ礼状を出した。

問題8　次は秘書Aが、上司のスケジュール管理で気遣っていることである。中から不適当と思われるものを一つ選びなさい。

1）外出の直前直後は、余裕を持ってスケジュールを組んでいる。
2）次の日の予定は、できるだけ前日の夕方に上司に確認するようにしている。
3）外出先から戻るのが遅れると連絡が来た時は、その後の予定を上司に知らせている。

4）来客との面談が終了予定時間になっても終わらない時は、メモを持っていきそのことを知らせている。
5）予定に会議が入っている時は、時間延長を視野に入れ、直後に面談予約は入れないようにしている。

問題9　次は秘書Aが普段行っていることである。中から不適当と思われるものを一つ選びなさい。

1）上司宛てに中元や歳暮が届いた時は、上司に指示されなくてもすぐに礼状を書くようにしている。
2）客が帰った後はテーブルの上を片付け、次の来客に備え整頓している。
3）上司が出張すると分かった時は、行き先や日程、同行者などを確認して交通機関や宿泊の手配をしている。
4）見知らぬ不意の客が来て、上司の在否を尋ねられても在否は言わずに、名前と用件を尋ねるようにしている。
5）上司の不在時に不意の客が来たら、次はいつ来るかを尋ねて次の予約を入れてもらっている。

問題10　秘書Aの上司が近々代わることになった。心の準備として新しい上司の前の秘書に次のことを尋ねた。中から不適当と思われるものを一つ選びなさい。

1）新しい上司はどのような性格の人か。
2）仕事の仕方で注意することはあるか。
3）こちらに異動する理由は何か。
4）異動する時期は聞いているか。
5）健康上気を付けることはあるか。

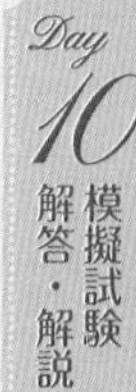

一般知識

問題11　次の「　　　」内の説明に対し**適当**なものを選びなさい。

「同種のものを多く集めることによって、単体よりも大きな結果が出せること」

1）アウトソーシング
2）コンペティション
3）スケールアップ
4）ランクアップ
5）スケールメリット

問題12　次の会社で行われる行事と、それを担当する部署の組み合わせで不適当と思われるものを一つ選びなさい。

1）株主総会—営業部
2）新入社員研修—人事部
3）新製品発表会—企画開発部
4）社内表彰式—総務部
5）インボイス制度勉強会—経理部

問題13「人事」と直接関係ない言葉を一つ選びなさい。

1）入社
2）採用
3）配当
4）昇格
5）評価

マナー・接遇

問題14　次の「　　」内は、部長秘書Aの言葉遣いである。中から不適当と思われるものを一つ選びなさい。

1）初めての来客に名前を聞く時
「お名前を頂戴してもよろしいでしょうか」
2）他部署の秘書に書類を借りる時
「書類をお借りしたいのですが、よろしいでしょうか」
3）上司に休暇の許可をもらう時
「来週休暇をいただきたいのですがよろしいでしょうか」
4）来客から名刺を預かりたい時
「お名刺をお預かりしてもよろしいでしょうか」
5）取引先のＫ氏からお中元をもらった時
「Ｋ様からお中元を頂きました」

問題15　次は秘書Ａが、上司（山本部長）宛ての電話に対して言ったことである。中から対応の仕方が不適当と思われるものを一つ選びなさい。

1）相手が名乗らない時「失礼ですがどちら様でいらっしゃいますか」と尋ねた。
2）取引先から折り返しの連絡がかかってきた時「お手数をお掛けし申し訳ございません。ただ今山本に代わります」と言った。
3）上司が出張中の時は、「山本は出張しております。連絡先を申し上げますので、そちらへおかけ直しいただけませんか」と言った。
4）上司が外出中で相手がかけ直したいと言った時「山本は午後2時以降でしたら会社におりますので、ご都合のよろしい時におかけ直しいただけますでしょうか」と言った。
5）上司が電話で話し中だが、すぐに終わりそうな時「山本はただ今他の電話に出ておりますが、間もなく終わりますのでこのままお待ちいただいてもよろしいでしょうか」と言った。

問題16　次は新人秘書Ａが、先輩から話をする時の心がけについて教わったことである。中から不適当と思われるものを一つ選びなさい。

1）友人とそれぞれの会社のことを話す時は、会社の良い面はよいが、愚痴は言わないこと。
2）休憩中などに同僚などと雑談をするのはよいが、人のうわさ話には乗らないこと。
3）先輩に仕事のことを質問する際は、どこが分からないのかを遠慮せずに具体的に聞くこと。

4）同僚がプライベートなことを仕事中に話し掛けてきた時は、業務に支障が出ないように、早々に切り上げるようにすること。

5）仕事の帰り道、同僚に親しげな口調で話し掛けられても、こちらはきちんとした言い方は崩さずに話すこと。

問題17 秘書Aは上司から、「今回のプロジェクトではK社に世話になった。お礼の品を送ってほしい」と言われた。次はこの時Aが上司に確認したことである。中から不適当と思われるものを一つ選びなさい。

1）贈りたい品の希望はあるか。
2）いつまでに送ればよいか。
3）予算はどれくらいか。
4）K社のどなたに送ればよいか。
5）ふさわしい品物が見つけられない時はどうするか。

問題18 次は弔事での女性の服飾について述べたものである。中から不適当と思われるものを一つ選びなさい。

1）アクセサリーは長いパールのネックレスがよい。
2）服装は、黒色のワンピースかスーツがよい。
3）靴は黒色で、光沢のないものがよい。
4）化粧は控えめにし、マニキュアをするなら透明のものを選ぶのがよい。
5）通夜の場合は地味なワンピースやスーツでもよい。

問題19 次は慶事に関する用語とその説明の組み合わせである。中から不適当と思われるものを一つ選びなさい。

1）賀寿 = 長寿を祝うこと
2）電報 = 祝い事に対して打つ電報のこと
3）祝儀 = 祝い事の時の礼儀作法のこと
4）落成 = 社屋など建築物が完成すること
5）謝辞 = 祝いの言葉に対するお礼の言葉のこと

問題20　秘書Aが普段から注意して行っている立ち居振る舞いについて、次の中から不適当と思われるものを一つ選びなさい。

1）席を離れる時は、椅子を机の下に入れている。
2）廊下で上司に出会った時は、いったん立ち止まり会釈をしている。
3）来客に席を勧める時は、低く腰をかがめて両手でソファを指し示している。
4）扉を閉める時は、大きな音を立てないように気を付けている。
5）上司がAのところに来て話し掛けてきたら、すぐに手を止めて立ち上がっている。

問題21　秘書Aが上司（山本部長）を呼ぶ時の敬称の中から不適当なものを選びなさい。

1）部内の人へは「部長」
2）取引先の人へは「部長の山本」
3）上司の家族へは「山本さん」
4）他部署の部長へは「山本部長」
5）他部署の秘書へは「山本部長さん」

問題22　秘書Aがけがで入院した人に用意した見舞いの品で不適当なものを選びなさい。

1）焼き菓子詰め合わせ
2）雑誌
3）鉢植えの花
4）ブランケット
5）果物

問題23　来客から名刺を出された時の受け取り方で不適当と思われるものを一つ選びなさい。

1）「お預かりします」と言って丁寧に両手で受け取る。
2）相手の名前の部分を親指で押さえて隠さないようにする。
3）名前の読み方が分からない時は「どのようにお読みすればよろしいでしょうか」と尋ねる。

4）相手が名乗った後に「○○様でいらっしゃいますね」と復唱する。
5）読み仮名を客の目の前で名刺に書き込む。

技能

問題24 部長秘書Aは上司から、臨時の部長会議を開くので準備をするようにと指示された。次はこの時秘書Aが上司に確認したことである。中から不適当と思われるものを一つ選びなさい。

1）議題はいくつか。
2）用意する機材はあるか。
3）配付する資料はあるか。
4）使用する会議室はどこがよいか。
5）会議中飲み物はどうするか。

問題25 次は秘書Aが、社内文書の書き方について先輩から指導を受けたことである。中から不適当と思われるものを一つ選びなさい。

1）本文の最後に「以上」を必ず付ける。
2）文体は「です・ます」体を用い、丁寧な言い回しは最小限にとどめる。
3）受信者名、発信者名は役職名だけでよい。
4）表題は何の文書であるかすぐ分かるものにすること。
5）発信日には、年月日と曜日を書くこと

問題26 次は、手紙の形式に関する用語を説明したものである。中から不適当と思われるものを一つ選びなさい。

1）「主文」とは、文書の用件のこと。
2）「頭語」とは、手紙の冒頭に書く「拝啓」などのこと。
3）「追伸」とは、他に同封するものがあるということ。
4）「末文」とは、手紙文の終わりに書き添える挨拶のことである。
5）「結語」とは、文章の結びの言葉。「敬白」などのことである。

問題27　次は秘書Aが、社内メールを送る時に気を付けていることである。中から**適当**と思われるものを一つ選びなさい。

1）初めて送る相手にはメールを送ってよいかメールで確認してから、改めて用件を送っている。
2）上司への報告は、緊急の内容以外はメールで行うようにしている。
3）メールアドレスで送信者はだれかが分かるため、本文に名前は記載しないようにしている。
4）研修会の案内をメールで行う際、出欠の返信が期日を過ぎた場合、欠席で処理している。
5）返事がすぐにできないメールには、受信したことをまずは知らせて、改めて返事すると返信している。

問題28　秘書Aの上司は出張中であり、留守中に普段したくてもできなかった次の仕事をした。中から不適当と思われるものを一つ選びなさい。

1）名刺整理箱の名刺に修正箇所がある場合は新しい情報に更新した。
2）上司の机の近くにある空気清浄機のフィルターをきれいにした。
3）上司のロッカーを整理し、不要と思われる物を処分した。
4）上司に関係がある記事を切り抜き、ファイリングした。
5）たまっていた書類を点検し、不要な物を処分し残りをファイルした。

問題29　次は秘書Aが、上司宛ての郵便物を渡す時の方法である。中から不適当と思われるものを一つ選びなさい。

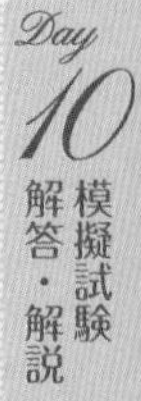

1）開封した郵便物と開封しない郵便物はそれぞれにまとめて、別にして渡している。
2）速達は開封して、他の郵便物よりも上にくるように重ねている。
3）開封した郵便物は、取り出した文書の後ろに封筒をクリップで留めて渡している。
4）私的な手紙と分かる場合は開封しないで渡している。
5）私信かどうか不明な時はどのようにするべきか、上司に尋ねている。

問題30　次の下線部分の数え方の中から、不適当と思われるものを一つ選びなさい。

1）会議室に椅子を5台運んでください。
2）議案を1件追加したいとのことです。
3）手紙が3通届いております。
4）あちらにエレベーター3基ございます。
5）来客用のカップとソーサーを4客お借りできますか。

問題31　次は秘書Aが、上司が出張の際に利用するホテルの予約をする時に行っていることである。中から不適当と思われるものを一つ選びなさい。

1）電話で予約をした際は、相手の名前を記録するようにしている。
2）上司はたばこを吸わないので、禁煙室を必ず指定している。
3）上司がチェックインしたら、こちらに連絡してほしいと頼んでいる。
4）交通の手配の後、チェックインのおおよその時間をホテルに伝えている。
5）初めて利用するホテルの時は、交通の便などをインターネットで調査し、上司に伝えるようにしている。

記述問題

問題32　右は秘書Aが自席で書類をファイリングしているところへ、上司（人事部長）が来て指示をしている絵であるが、Aの対応が不適切である。①それはなぜだと思うか。また、②このような場合に最も適した指示の受け方を答えなさい。

問題33 次の「　　　」内は秘書Aが言ったことである。下線部を適切な言葉に変えて答えなさい。

1）電話の相手の声が聞こえにくい時「少々＿＿＿＿＿＿＿＿」
2）秘書Aが受付で不意の客に名前を尋ねる時「恐れ入りますが＿＿＿＿＿」

問題34 秘書Aは、上司（山本一郎）から新会社設立パーティーの返信はがきに出席として出すようにと指示された。このような場合、どのように書くのがよいか。はがきに書き入れなさい。

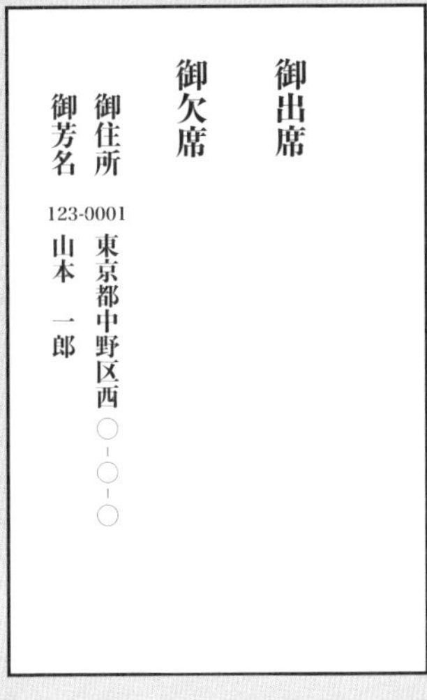

御出席
御欠席
御住所　123-0001　東京都中野区西○-○-○
御芳名　山本　一郎

問題35 秘書A(福井）の上司(鈴木部長）が外出中に、10月20日15時45分、総務部長から電話があった。「来週の打ち合わせの件で聞きたいことがある。戻ったら電話をもらえないか」とのことである。この場合の伝言を、伝言メモの用紙に書きなさい。

伝言メモ

＿＿＿＿＿＿＿＿様

日時　月　日　午前/午後　時　分

＿＿＿＿＿＿＿＿様

□電話がありました
□電話をください

用件

＿＿＿＿＿＿＿＿＿＿＿＿

担当者名＿＿＿

模擬試験　解答・解説

秘書の資質

問題1　**正解：1**

上司の身の回りの世話をするのも秘書の仕事ではあるが、机の引き出しも一緒に整理しておくと言うのは立ち入り過ぎで不適当である。

問題2　**正解：2**

「上司に会いにきた」ということだが、約束もなく上司は不在である。名前を名乗るだけで何の用件かも分からず、上司が会うかどうかも分からないのに、秘書の自己判断で応接室に通し、待ってもらうなどは不適当である。

問題3　**正解：3**

終わる予定の仕事が終業時間までにできない時は、翌日に回すことや、先輩に相談する方法などもある。会社の資料やデータを紛失するなどの恐れもあるので、自宅に持ち帰るなどは不適当である。

問題4　**正解：4**

簡単ですぐに出来上がるような仕事の時は、途中経過の報告はしないものである。報告をすることでミスを防げたとは考えられないので、不適当となる。

問題5　**正解：2**

どの部署を訪ねるか分からない来客の対応は、上司の仕事ではないので不適当。受付の仕事としては、客の用件を尋ね担当部署に問い合わせるなどするべきである。

職務知識

問題6　**正解：4**

Aは新人で、このような稀なケースへの対応は、いろいろなケースを経験してきた先輩に代わってもらうのが、G氏に対しても失礼なことにならないので、4が適当となる。

問題7　**正解：4**

報告をする場合、緊急度や重要度の高いものから先にするのが基本である。順を追って詳細に報告したことは不適当である。

問題8　**正解：4**

面談が予定より延長になることは何か理由があるのかもしれない。次の予定に影響するような時はそのことを知らせる必要はあるが、終了時刻になっただけでそれを知らせるのは不適当。

問題9　**正解：5**

上司が不在中の不意の客に次回いつ来るかと尋ね、客の都合で予約を入れてもらっているのは不適当。希望日時を尋ねて上司に確認し、後で連絡するのが適切な対応となる。

問題 10　**正解：3**

新しい上司について知っておいた方がいい情報を前任の秘書に尋ねておくのはよいが、異動の理由は秘書には関係のないことなので不適当。

一般知識

問題 11　**正解：5**

問題 12　**正解：1**

株主総会のような会社全体に関わる業務は、一般的に総務部が担当する。営業部との組み合わせは不適当。

問題 13　**正解：3**

「配当」とは、企業が利益金の一部を株主に分配すること。人事とは直接関係はないので不適当である。

マナー・接遇

問題 14　**正解：1**

名前を聞く時は「お名前をお聞かせいただけませんでしょうか」「お名前を教えていただけますか」などが適切な言葉遣いである。

問題 15　**正解：3**

上司が出張中であることを言うのはよいが、上司の連絡先を教えるのは不適当。上司の帰社を待ってもらうようお願いするか、急ぎならAから上司に伝えて上司の方から連絡してもらうようにする。

問題 16　**正解：5**

仕事の帰り道は終業後なので、きちんとした言葉遣いを崩さないということは相手に合わせていない。よそよそしい感じになるので不適当である。

問題 17　**正解：5**

上司の指示で御礼の品を贈るのが秘書の仕事であり、ふさわしい品が見つけられない時はどうするかなど確認するのは不適当である。

問題 18　**正解：1**

パールのネックレスはよいが、長いと「悲しみを長引かせる」という意味になるため避ける。

問題 19　**正解：3**

「祝儀」とは、婚礼などの祝いの儀式のことであり、祝いの時に贈る金銭や物品のこと。心付け（チップ）のことでもある。

問題 20　**正解：3**

腰をかがめるのはよいが、物を指し示す時は片手でするもの。両手でするのは不適当ということである。

問題 21　**正解：5**

他部署の秘書には役職でもあり、敬称でもある「山本部長」と呼ぶ。

問題 22　**正解：3**

鉢植えの花は「寝付く（入院が長引く）」「根付く（入院が定着する）」を想像させるため、入院の見舞いの品には適さないとされる。

問題 23　**正解：5**

客の前で名刺に書き込むのではなく、あとでその時の情報などを書き込む。

技能

問題 24　**正解：1**

この場合Aは上司から「会議の準備」を指示されており、準備するに当たり議題がいくつあるかは関係ない。そのため尋ねたのは不適当である。

問題 25　**正解：5**

あらゆる文書に年月日を書くのは必須のことである。年月日を記載すれば日を特定できるため、曜日を書くと指導したのは不適当である。

問題 26　**正解：3**

追伸とは、本題に追加して伝えたいことがある場合に文末に使う言葉。

問題 27　**正解：5**

すぐに返事ができないメールには、先に受信したことを知らせておくことで、相手は見たかどうかが確認できるので適当である。

問題 28　**正解：3**

ロッカーの中にある物は私物なので、秘書であっても無断で手を付けてはいけない。従って、上司の出張中にロッカーを整理するなどは不適当である。

問題 29　**正解：5**

私信かどうか不明な時は、開封しないで上司に渡せばよいことである。いちいち尋ねて上司を煩わせるようなことは不要であり、不適当である。

問題 30　**正解：1**

椅子の数え方は「脚」である。

問題 31　**正解：3**

秘書は宿泊の手配や交通の手配をするのが仕事であって、上司がチェックインしたかどうかをホテル側に知らせてもらうのは関係がないことなので不適当である。

記述問題

問題 32

①仕事の手を止めずに上司の指示を座ったまま聞いているので不適切。
②自分の仕事はいったん中断して立ち上がり、メモを取りながら指示を受けるのがよい。

問題 33

1）お電話が遠いようですが
2）どちらさまでいらっしゃいますか。
　　お名前をお聞かせいただけますか。

問題 34

この度は新会社設立おめでとうございます。

御出席させていただきます。

~~御~~欠席

~~御~~住所　東京都中野区西○-○-○

~~御芳~~名　123-0001　山本 一郎

問題 35

伝言メモ

鈴木部長　様

日時　10月20日（午前・午後）3時45分

総務部長　様

☑電話がありました

☑電話をください

用件

来週の打ち合わせの件

担当者名　福井

■著者紹介

PROFILE

小松 仁美（こまつ ひとみ）

株式会社CAREER LABO 代表取締役
京都光華女子大学 客員教授

（一財）生涯学習開発財団認定コーチ
国家資格キャリアコンサルタント、産業カウンセラー

日本航空株式会社国際線キャビンアテンダントを経て、研修講師として2008年独立。株式会社CAREER LABOを設立し、現在まで延べ約3万名に人材育成研修やコーチングを実施。大学や官公庁にて秘書検定講座を多数担当。航空会社で培った最上級の接遇ホスピタリティメソッドと、コーチング理論に裏打ちされた受講者目線で喜んでいただける研修を展開。堅苦しくなく明日から使える接遇やコミュニケーションを中心に、組織にホスピタリティマインドが根付く風土創りを目指している。また、働く女性を対象に、女性の自立とキャリアアップを目指すCAREER LABO ACADEMYを主催。頑張る女性の自立とキャリアサポートに貢献している。

■著者アシスタント

長尾 絵理（ながお えり）

株式会社 CAREER LABO 認定 マナースタイリスト®

日本航空株式会社国際線キャビンアテンダントを経て、CAREER LABO 認定マナースタイリスト®として、研修講師として企業や医療機関、大学講座に従事。大学の非常勤講師として、また官公庁で秘書検定講座を多数担当。エアラインで培ったサービス接遇とおもてなしの心を基盤に接遇マナー研修や女性のキャリアアップを目指した講演会、マナースタイリスト®養成講座講師として活躍。働く女性のキャリアサポートに尽力している。

■アシスタントスタッフ

福井真貴子、山本暁子（株式会社CAREER LABO）

■アカデミーサイト

「CAREER LABO ACADEMY」
［HP］ https://careerlabo.jp/

■企業サイト

「株式会社CAREER LABO」
［HP］ https://careerlabo.jp/company/

■イラスト　shiori
■作　図　加賀谷 育子
■校　閲　株式会社聚珍社
■カバー・DTP　片倉 紗千恵

CBT模試で本格的な対策ができる！10日間で合格！
秘書検定3級パーフェクトレッスン

発行日　2023年12月 7日　第1版第1刷

著　者　小松　仁美

発行者　斉藤　和邦
発行所　株式会社　秀和システム
〒135-0016
東京都江東区東陽2-4-2　新宮ビル2F
Tel 03-6264-3105（販売）Fax 03-6264-3094
印刷所　三松堂印刷株式会社　Printed in Japan

ISBN978-4-7980-7096-4 C0034

定価はカバーに表示してあります。
乱丁本・落丁本はお取りかえいたします。
本書に関するご質問については、ご質問の内容と住所、氏名、電話番号を明記のうえ、当社編集部宛FAXまたは書面にてお送りください。お電話によるご質問は受け付けておりませんのであらかじめご了承ください。